Hundespiele mit Wau-Effekt

150 abwechslungsreiche Beschäftigungen für drinnen und draußen

Sandra Becker

Sandra Becker

HUNDESPIELE MIT WAU-EFFEKT

150 abwechslungsreiche Beschäftigungen für drinnen und draußen

Impressum
Deutschsprachige Erstausgabe Februar 2021

Sandra Becker wird vertreten durch Yannick Maar

Hundewelten Verlag
Yannick Maar
Ostlandstraße 54
50858 Köln

Covergestaltung und Satz: Wolkenart - Marie-Katharina Becker, www.wolkenart.com
Korrektorat und Lektorat: Holger Bergmann
Verlag: Hundewelten Verlag

1. Auflage

Ebook: 978-3-9822936-0-8
Taschenbuch: 978-3-9822936-1-5

Inhalt

Einleitung

Hunde sind soziale Tiere. Sie genießen es, mit uns Menschen zusammen zu sein. Wie die meisten Säugetiere spielen sie viel und gerne, vor allem, wenn sie jung sind. Einer Studie der Universität Bristol zufolge scheint diese Zeit eine Art Verhaltenstraining zu sein. Die Welpen leben auf spielerische Weise ihre natürlichen Triebe aus. Im gemeinsamen Spiel üben sie soziales Verhalten, Belauern und Jagen, Fluchttaktiken wie Laufen und Ausweichen sowie rudimentäres Selbstverteidigungsverhalten wie Treten oder Beißen. Im späteren Leben des Hundes ändern sich die Spiele und stehen nicht mehr so im Vordergrund.

Die Bristol-Studie wurde mit 4.000 Hundebesitzern durchgeführt und hat gezeigt, wie wichtig Hundespiele für ein erfülltes Hundeleben sind. Hunde, die nicht viel spielen, sind unterfordert und langweilen sich, wenn sie allein zu Hause sind. Die Folgen können destruktive Verhaltensweisen wie Aggressionen, übermäßige Unruhe, ständiges Betteln um Aufmerksamkeit und scheinbar grundloses Bellen sein. Wenn Sie abends beim nach Hause kommen regelmäßig Chaos vorfinden, kann das ein Zeichen dafür sein, dass Ihr Hund sich zu Tode gelangweilt hat.

Tierexperten auf der ganzen Welt sind sich einig: Spielen ist wichtig für das körperliche, geistige und emotionale Wohnbefinden eines Hundes. Es verschafft ihm Bewegung und gleichzeitig werden seine mentalen und sozialen Fähigkeiten trainiert. Für einen ängstlichen

Hund kann sich auf spielerische Weise eine ganz neue Welt eröffnen. Sein Selbstvertrauen wächst, er lernt, sich zu behaupten und wird sich mit Ihrer Unterstützung zu einem glücklichen, liebevollen Gefährten entwickeln.

Interessanterweise teilen Menschen und Hunde ein sehr ähnliches Spielverhalten. Beide müssen aktiv sein, um geistig und körperlich fit zu bleiben. Was liegt da näher, als im Zusammenleben mit einem Hund Spaß und Notwendigkeit zu verbinden und mithilfe von gemeinsamen Spielen die Verhaltensweisen des Hundes zu verstärken, die wir uns von ihm wünschen? Spielen motiviert den Hund, hält ihn fit und sorgt vor allem auch für eine starke und innige Bindung zu seinem Menschen.

Es gibt nichts, worauf sich Ihr Hund mehr freut als auf Ihre gemeinsame Spielzeit, wenn Sie gemeinsam spazieren gehen, auch wenn es nur für eine halbe Stunde ist, oder ihn im Hundepark laufen lassen, wo er sich mit seinen Artgenossen messen kann. Wenn es regnet, spielen Sie mit ihm Verstecken im Haus. Sie werden überrascht sein, wie begeistert er dieses Spiel annimmt. Auch Tauziehen ist ein gutes Beispiel. Sie haben gemeinsam Spaß und außerdem lernt Ihr Hund bereits als Welpe, seine Impulse zu kontrollieren sowie nicht zu wild und zu rau zu reagieren. Beim gemeinsamen Spiel lernt er gleichzeitig angemessenes Verhalten. Die Wahrscheinlichkeit, dass er destruktive Gewohnheiten wie übermäßiges Bellen oder Kauen entwickelt, verringert sich.

Wenn Sie einen angespannten Zeitplan mit wenig Freizeit haben, kann es eine Herausforderung sein, Ihren Hund artgerecht und ausreichend zu unterhalten. Vor allem, wenn Sie nicht gerade der Kreativste im Erfinden neuer Spiele sind. Aber keine Sorge, in diesem Buch finden Sie alles, was nötig ist, um sich und ihrem Hund in Zukunft wunderbare gemeinsame Spielmomente zu verschaffen. Sie werden lernen, mit wenigen Mitteln ganz einfache, neue Spielabwandlungen zu erfinden, die Ihren Hund geistig beschäftigt halten und vor allem fördern.

Mit Hundespielen zum Hundeglück

Hunde-Experten sind der Meinung, dass das Spielen der Schlüssel zum Hundeglück ist. Sie sind sich einig, dass die Art und Häufigkeit des Spiels ein guter Indikator für die Lebensqualität und das Wohlbefinden eines Hundes sind. Angst, aggressives Verhalten, Jammern, die Weigerung zu gehorchen, das Ziehen an der Leine beim Spazieren gehen sind nur einige der destruktiven Verhaltensweisen, die Sie durch regelmäßiges Spielen mit Ihrem Hund unterbinden können. Ein Hund, der ausreichend unterhalten wird und Spaß hat, lebt stressfreier. Zudem unterstützt die Einbeziehung von Spielen aus unterschiedlichen Kategorien die Entwicklung einer liebevollen, natürlichen Hunde-Persönlichkeit. Das Spielen fördert die mentale und körperliche Gesundheit Ihres Hundes und hält ihn rundum fit.

1. Körperliche Gesundheit

Aktives Spielen unterstützt die Gesundheit Ihres Hundes, stärkt sein Herz, schmiert seine Gelenke und verbessert seine Koordination und das allgemeine Gleichgewicht. Mehrere Spielzeiten am Tag mit ausreichender Bewegung sorgen für einen höheren Kalorienverbrauch und können für eine erhebliche Verlängerung der Lebensdauer sorgen. Das trifft übrigens auch auf Sie zu, denn die gemeinsame Bewegung und der Spielspaß haben ebenso einen positiven Effekt auf Ihre eigene Gesundheit!

2. Geistige Gesundheit

Nicht nur die körperliche Fitness Ihres Hundes ist wichtig, Sie müssen ihn auch geistig fordern. Das Spielen hält ihn geistig fit und kann bei älteren Hunden Demenz verhindern oder zumindest hinauszögern. Hunde gedeihen besser, ihr Geist bleibt scharf und konzentriert, wenn sie geistig anregende Aktivitäten ausführen und dabei Spielregeln befolgen müssen. Mentale Hundespiele stimulieren das Gehirn. Interaktive Ballspiele helfen dabei, neben dem Fokus die Disziplin zu stärken.

3. Aufbau einer liebevollen Bindung

Jedes Spiel mit Ihrem Hund, selbst wenn Sie nur ein paar Minuten pro Tag Zeit haben, stärkt das liebevolle Verhältnis zwischen Ihnen, egal, ob beim Frisbee-Spiel mit viel Spaß im nahen Park oder beim gemeinsamen Spaziergang um den Block. Sie sind sich in dieser Zeit besonders nahe und können die Liebe und Freundschaft stärken, die Sie verbindet. So bauen Sie Vertrauen und Loyalität auf.

4. Soziales Verhalten

Beim Spielen mit Ihnen, Ihrer Familie oder mit seinen Artgenossen lernt Ihr Hund, seine sozialen Fähigkeiten zu verbessern. Er lernt die Grundregeln des täglichen Lebens und erfährt die Vor- und Nachteile, je nachdem, ob er sie befolgt oder nicht.

5. Abbau von Stress und Ängsten

Wenn Ihr Hund den ganzen Tag zu Hause auf Sie wartet, während Sie arbeiten, hilft die Spielzeit, die Sie am Abend mit ihm verbringen, seine Nerven zu beruhigen und sich sicher zu fühlen. Beim gemeinsamen Spiel verlieren sich Stress und mögliche Depressionen und der Hund bekommt ein positives Gefühl für sich selbst.

Das gemeinsame Spielen bietet ein perfektes Rundum-Training, sorgt für Stressabbau und ist eine wunderbare Möglichkeit für den Hund, sich in seinem natürlichen Verhalten auszudrücken. Gleichzeitig verstärkt es die einzigartige Bindung zwischen Ihnen und was das Beste ist: Sie haben beide Spaß. Damit das lange so bleibt, möchte ich Ihnen in diesem Buch eine Vielzahl von Spielen und viele weitere Vorteile näherbringen, die Sie und vor allem Ihren Hund glücklich machen werden!

Mit einfachen Mitteln die Verbindung zu Ihrem Hund stärken

Erwartet Ihr Vierbeiner Sie bereits an der Tür, wenn Sie abends von der Arbeit nach Hause kommen, und präsentiert Ihnen sein Lieblingsspielzeug? Wenn Sie regelmäßig mit Ihrem Hund spielen, wissen Sie aus eigener Erfahrung, wie glücklich es ihn macht, dass Sie sich Zeit für ihn nehmen. Selbst wenn Sie einen stressigen Tag hatten, ein paar Minuten reichen aus, um Ihrem Hund das Gefühl zu geben, dass Sie ihn lieben und umsorgen. Selbst wenn Sie nur einen Ball werfen und ihn danach jagen lassen, macht das einen großen Unterschied und stimuliert Ihren Vierbeiner auf angenehme Weise. Es ist so einfach, die liebevolle Verbindung zwischen Hund und Herrchen zu stärken.

Wenn ein Hund den ganzen Tag allein zu Hause ist

Was würden Sie tun, wenn Sie den ganzen Tag zu Hause eingesperrt wären, ohne eine vernünftige Beschäftigung zu haben? Würden Sie stundenlang brav auf dem Sofa sitzen und darauf warten, dass Sie jemand aus der Langeweile befreit? Hunde sind nicht anders. Sie sind intelligent und wenn sie nichts zu tun haben, verschaffen Sie sich ihre eigenen Glückserlebnisse. Das kann vom „Schuhe kauen" bis zum Umgraben der Gartenbeete gehen. Regelmäßiges Spielen mit Ihrem Liebling ist eine einfache, stressfreie Möglichkeit, solche unerfreulichen Verhaltensweisen zu unterbinden. Ein Hund, der sich müde gespielt hat, wird sich lieber in seinem gemütlichen Hundebett ausstrecken und kein großes Interesse mehr an Ihren Vorhängen oder Sofakissen zeigen. Ein müder Hund stellt jedenfalls für die nächsten Stunden keinen Unsinn an.

Wie oft und wie lange sollten Sie mit Ihrem Hund spielen?

Für Ihren Hund reicht es aus, wenn Sie sich zweimal täglich für das Spielen Zeit nehmen. Durch diese gemeinsame Spielzeit verbessert sich erfahrungsgemäß das Gesamtverhalten eines Hundes. Um ihn abwechslungsreich zu unterhalten, sollten Sie nur wenige Spiele pro Woche spielen und ihm nur eine kleine Auswahl aus seiner Spielzeugkiste geben. Wechseln Sie die Spiele im Wochen-Turnus aber regelmäßig. Sie können auch ein paar seiner beliebtesten Spielzeuge für ein paar Tage verstecken und ihn dann danach suchen lassen. Wollen Sie ab und zu Ihre Ruhe haben, vielleicht weil Sie sich auf eine Fernsehsendung gefreut haben, Ihren Hund aber nicht abweisen möchten? Kein Problem, besorgen Sie ein paar Spielzeuge, die ihn während dieser Zeit beschäftigen – oder nutzen Sie die Spiele im DIY-Teil dieses Buches.

Spannende Futterspiele

Hunde haben einen natürlichen Jagdinstinkt und strengen sich gerne an, um sich ihr Futter zu erarbeiten. Es ist eine perfekte mentale Übung. Lebensmittel-Puzzles gehören in diese Kategorie oder auch Spiele, bei denen der Hund etwas bewegen oder ein Problem lösen muss, um an das Futter zu kommen. Dafür sind nicht einmal teure Spielzeuge nötig, es reichen einfache Haushaltsgegenstände, in denen Sie „Knabber-Zeug" verstecken und mit einem Ball abdecken. Der Hund muss herausfinden, wie er sich den Genuss verschafft und er kann am Ende stolz auf sich sein, vor allem, wenn Sie ihn dann so richtig von Herzen loben.

Spielen hält Ihren Hund rundum gesund, und das gilt auch für sein Herrchen. Wenn der Hund Bewegung hat, nehmen Sie automatisch daran teil und das ist nicht die schlechteste Art, sich fit zu halten.

Hundespiele aus wissenschaftlicher Sicht

Viele wissenschaftliche Studien beschäftigen sich mit den Verhaltensweisen von Hunden. Ein wichtiges Ergebnis aus diesen Untersuchungen ist die Erkenntnis, dass das Spielen Hunde nicht nur glücklich macht, sondern auch ein wichtiger Faktor für gutes Verhalten ist. Ein glücklicher Hund ist ein braver Hund. Das ist eines der Resultate aus einer Studie der Bristol Universität, an denen 4.000 Hundebesitzer beteiligt waren. Demnach ist das Spielen einer der Schlüsselfaktoren für einen rundum glücklichen Hund, während Hunde, deren Besitzer nicht oder nur selten mit ihnen spielten, viel häufiger zu Verhaltensproblemen wie aggressivem Verhalten und Angst neigten.

Warum spielen Hunde so gern?

Tierexperten fragen sich schon seit langem, warum Welpen und auch erwachsene Hunde so gerne miteinander spielen. Es scheint so zu sein, dass das Spielen verschiedene Funktionen hat. Eine Studie der „School of Veterinary Studies", Universität Edinburgh, untersuchte vier Theorien darüber, warum es für Hunde scheinbar wichtig ist zu spielen. Drei dieser Theorien konnten bestätigt werden. Es stellte sich nach zahlreichen Untersuchungen auch heraus, dass Hunde aus unterschiedlichen Gründen spielen. Wenn sie beispielsweise alleine spielen, kann es ein Zeichen für Langeweile sein. Spielen sie mit anderen Hunden, wird es oft einseitig. Beim regelmäßigen, interaktiven Spiel mit dem Besitzer dagegen geht es um die Stärkung der liebevollen Verbindung, nicht um Befehle oder Regeln – wobei gerade diese Spiele feste Regeln benötigen, die aber spielerisch eingebunden sein sollten. Im Folgenden möchte ich Ihnen die Theorien kurz vorstellen, um Ihnen zu zeigen, wie vielfältig Nutzen von Hundespielen sein können.

1. Theorie: motorische Fähigkeiten stärken

Welpen, die einander jagen, sich herumrollen und in spielerischen Kämpfen ihre Kräfte messen, erlernen im Spiel wichtige Fähigkeiten, die für das spätere Leben als erwachsener Hund relevant sein werden, wie Nahrungsbeschaffung und Kämpfe ums Überleben. Wenn sie mit der Schnauze Gegenstände vom Boden aufheben, sie beißen und schütteln, lernen sie, wie hart sie bei ihren Spielkameraden zubeißen können. Man nennt das die „erworbene Beißhemmung".

2. Theorie: unerwartete Situationen meistern

Laut einer weiteren Theorie trainiert das Spielen die Hunde, mit unerwarteten Geschehnissen umzugehen. Dieser Theorie nach finden in solchen Fällen Veränderungen im Gehirn und im Hormonspiegel der Hunde statt und Sie üben, ihren Körper im Gleichgewicht zu halten und auf überraschende, erschreckende Stress-Situationen angemessen zu reagieren. Das würde erklären, warum Hunde neues Spielzeug mögen, aber vorsichtig auf neue Dinge reagieren, die kein Spielzeug sind. Es würde auch erklären, warum sich Hunde während des Spiels selbst behindern und benachteiligen. Man könnte es als eine Art Training betrachten, das sie vielleicht einmal benötigen werden, um echte Aggressionen zu entschärfen.

3. Theorie: kooperative, soziale Beziehungen aufbauen

Einer dritten Theorie zufolge ist der Kern des Spielens die Förderung des sozialen Zusammenhalts zwischen den Hunden. Sie können durch das Spielen auf spielerischer Basis als Gruppe zusammenarbeiten und soziale Beziehungen anknüpfen. In diesem Szenario spielen auch Menschen eine Rolle. Es hat sich erwiesen, dass Hunde lieber mit Menschen spielen, die sie kennen und außerdem halten sie sich gerne an den Gewinner des jeweiligen Spiels. Allerdings führt es nicht zu einer verstärkten Dominanz von Seiten des Hundes, wenn er der Gewinner ist. Es geht also beim gemeinsamen Spielen darum, kooperative Beziehungen zu unterhalten und nicht um die soziale Rangfolge.

4. Theorie: Hundespiele – nur ein Nebeneffekt?

Die Wissenschaftler zogen außerdem mit einer vierten Theorie in Betracht, dass das Spielen nur als Nebeneffekt anderer Prozesse zu sehen ist. Das könnte beispielsweise eine Umgebung sein, die wenig Stimulation bietet oder auch ein Übermaß an Energie, das durch das Spielen aufgelöst wird. Allerdings führen langweilige Umgebungen beim Hund eher zu der Entwicklung stereotypischer Verhaltensweisen. Wäre das Spielen mit einem Energieüberschuss zu erklären, dürfte das Spielen kein beständiger Faktor sein. Natürlich könnte es auch sein, dass das Spielen bei der Domestizierung der Hunde vom Menschen stimuliert wurde, weil Menschen nun mal gerne spielen und Spaß haben. Doch es konnte nicht bestätigt werden, dass Hundespiele nur ein Nebenprodukt anderer Faktoren sind, weswegen diese vierte Theorie verworfen wurde.

Hundespiele und Wohlbefinden

Auch die Wirkung verschiedener Spielarten auf das Wohlbefinden der Hunde wurde in dieser Studie untersucht. So sind individuelle Spiele mit Spielzeug eine wichtige Bereicherung, die Stress reduzierend wirken kann. Lässt man aber den Hund ständig mit seinen Spielzeugen allein und beschäftigt sich nicht persönlich aktiv mit seinem Vierbeiner, kann es auch ein Zeichen für mangelnde Aufmerksamkeit des Menschen ausdrücken und zeigen, dass der Hund nicht glücklich ist.

Spieltraining, je früher, desto besser

Tierexperten sind der Meinung, dass das soziale Spiel mit anderen Hunden das Wohlergehen fördert, wobei immer ein Verletzungsrisiko besteht, wenn das Spiel zu aggressiv wird. Hunden müssen bereits in jungen Jahren ausreichende Spielmöglichkeiten angeboten werden, damit sie lernen, sich als erwachsene Hunde im Spiel mit Hund und Mensch angemessen zu verhalten. Hat ein Hund dieses Spieltraining nicht genossen, kann es leicht passieren, dass sein Besitzer das Verhalten seines Vierbeiners als Aggression missversteht und dahingehend „bestraft", dass er gar nicht mehr mit ihm spielt. Das würde den Hund unglücklich machen und Verhaltensstörungen nach sich ziehen. Ein Teufelskreis.

Hunde sind intelligenter, als allgemein angenommen wird

Hunde mögen nicht als besonders intelligent erscheinen, wenn sie selbstvergessen ihren eigenen Schwänzen hinterherjagen, doch man darf sie in dieser Hinsicht nicht unterschätzen. Allerdings, so sagt die Wissenschaft, unterscheidet sich ihre Intelligenz sehr von der des Menschen. Sie reagieren sehr empfindlich auf menschliches Verhalten, aber sie sind nicht mit den Vorurteilen des Menschen behaftet. Wenn sie einer bestimmten Situation ausgesetzt sind, gehen sie damit um, ohne groß darüber nachzudenken, was dahinterstecken könnte. Hunde leben im Hier und Jetzt. Die Zukunft spielt in ihrem Denken keine Rolle.

Zahlreichen Studien zufolge können Hunde menschliche Emotionen wahrnehmen. Neuere Forschungen bestätigen, dass sie unterscheiden können, ob ein Mensch einen glücklichen oder wütenden Gesichtsausdruck hat. Seit Jahren ist bekannt, dass Hunde verstehen, dass er losrennen soll, wenn ein Mensch auf eine bestimmte Position zeigt, wo beispielsweise ein Stock, Ball oder auch Futter versteckt ist. Neuesten Untersuchungsergebnissen zufolge finden sie es schnell heraus, wenn diese Gesten irreführend sind. Hunde können spüren, ob und in welchem Maße jemand vertrauenswürdig ist. Hat er für sich entschieden, dass ein Mensch nicht zuverlässig ist, wird er keinen seiner Hinweise mehr beachten. In der Zeitschrift „Animal Cognition" wurden die Ergebnisse dieser Studie ausführlich veröffentlicht.

Hunde haben es gerne überschaubar und vorhersehbar

Die bereits erwähnte Studie der Universität Bristol in Großbritannien betont, dass Hunde es vorziehen, wenn ihr täglicher Lebensablauf vorhersehbar ist. Sie mögen keine Veränderungen, schon gar nicht, wenn sie plötzlich eintreten. Mit Unregelmäßigkeiten im täglichen Leben können sie nur schwer umgehen und sie werden nach alternativen Möglichkeiten zur Bewältigung der Situation suchen. Wenn sie ihr Herrchen gar nicht mehr einschätzen können und nicht wissen, was als Nächstes geschehen wird, kann das zu Verhaltensstörungen führen.

Hunde merken, wenn wir sie absichtlich irreführen

Verschiedenen Studien zufolge unterliegen fast alle Hunde der Faszination des Neuen. Zeigen wir ihnen ein neues Spiel oder geben ihnen eine Aufgabe, können sie es meistens nicht erwarten das Spiel auszuprobieren. Dabei vertrauen sie zunächst einmal einer fremden Person.

Allerdings nur solange, bis sich herausstellt, dass dieser Mensch sie in die Irre geführt hat.

Hunde hören nicht gedankenlos zu und wissen genau, ob wir wirklich auf die Position eines Gegenstandes zeigen oder in eine bestimmte Richtung, in die sie laufen sollen. Sie bewerten alles, was wir ihnen sagen, unter dem Aspekt, wie zuverlässig sie ihr Ziel erreichen werden und nehmen, wenn nötig, auch ihre eigene Erfahrung und Erinnerung zu Hilfe. So erklärt es sich, dass sie auch dann, wenn wir absichtlich in die falsche Richtung zeigen, unsere Geste ignorieren, um ihre versteckte Belohnung aus dem Gedächtnis heraus zu finden, dort, wo sie schon des Öfteren fündig geworden sind.

Hundespiele als Bindeglied zwischen Menschen und Hunden

Mehrere Spielzeiten am Tag mit ausreichender Bewegung sorgen für Entspannung und Spaß, Bewegung und einen erhöhten Kalorienverbrauch. Außerdem stimuliert das Spielen Ihren Hund mental, wirkt Demenz entgegen und macht ihn glücklich. Alle diese Faktoren können für eine erhebliche Verlängerung der Lebensdauer Ihres Hundes führen. Das Spielen mit ihrem pelzigen Lebensgefährten hat aber auch Vorteile für den Menschen, denn der positive Effekt auf die Gesundheit betrifft Hund und Herrchen. Untersuchungen zufolge laufen Hundebesitzer täglich mindestens 22 Minuten am Tag. Das ist länger, als der deutsche Durchschnittsbürger ohne Hund zu Fuß unterwegs ist.

Gassi gehen – die tägliche Pflichtübung unterhaltsam gestalten

Es gibt Hunde, die selbst nach einem stundenlangen Spaziergang noch nicht ausgelastet sind. Sie als Herrchen haben das Gefühl, auf dem Zahnfleisch zu laufen, aber Ihr Hund ist einfach nicht müde zu kriegen. Oder er langweilt sich, während sie beide nebeneinander herlaufen. Das ist ihm viel zu fade und es kann sein, dass er sich unterwegs eine spannendere Beschäftigung ausdenkt, wie das Jagen von Radfahrern oder die Verfolgung von Joggern. Das kann ziemlich stressig werden. Dem können Sie entgegenarbeiten. Zum einen sollten Sie in regelmäßigen Abständen die Route ändern. Hunde lieben es, die Welt zu erschnüffeln. Doch irgendwann wissen sie genau, wie es an jedem Baum und Strauch riecht, sie kennen den Weg und es ist nicht mehr interessant, durch die Büsche zu stromern. Ein neuer Spazierweg schafft neue Eindrücke. Ihr Hund wird aufgeregt herumrennen und alles Neue in sich aufnehmen. Vermutlich kann er es zu Hause kaum mehr erwarten, ein Nickerchen zu machen.

Überlegen Sie sich abwechslungsreiche Hundespiele, die Sie während des „Gassi gehen“ mit ihrem Hund veranstalten können. Dieses Buch versorgt sie mit einer Vielzahl von Spielen für alle Gelegenheiten, wenn Ihnen selbst nichts einfällt. Beziehen Sie sein Basistraining wie „Sitz“, „Bleib“ und „Platz“ mit ein und entfernen Sie sich, um irgendwo Leckerlis für Ihren braven Hund zu verstecken. Wurfspiele, ein Frisbee-Spiel im Park, Balljagen, all das wird Ihr Hund lieben. Gleichzeitig verbessern sich seine und auch Ihre Fitness.

Aber auch für die kleinen grauen Zellen muss gesorgt sein. Überlegen sie sich ein Spiel, bei dem sich Ihr Hund konzentrieren muss. Wenn er an sein Leckerli möchte, muss er ein Problem lösen. So lernt Ihr Hund, genau aufzupassen, was Sie machen. Schließlich winkt eine Belohnung, wenn er alles richtig macht.

Mehr Bewegung für Hund und Herrchen

Aktives Spielen trägt maßgeblich dazu bei, das Herz Ihres Hundes gesund zu erhalten. Bewegung schmiert die Gelenke, verbessert das Gleichgewichtsgefühl und die Koordination sowie die motorischen Fähigkeiten des Hundes. Sie spielt eine wichtige Rolle bei der gesunden Entwicklung Ihres Hundes. Ebenso wichtig ist die ausreichende Bewegung bei der Erhaltung Ihrer eigenen Fitness. Falls Ihr Hund fitter und aktiver ist, als Sie, spielen Sie mit ihm Frisbee an einem Hang. Dann muss er, um die Scheibe zu holen, bergauf laufen und wird gefordert, während Sie zwischendurch ein wenig kürzertreten können. Auch Laser-Pointer oder mechanische Ballwerfer können Sie bei Ihren gemeinsamen Aktivitäten so unterstützen, dass Sie beide nicht unter- und nicht überfordert werden und die gemeinsame Zeit genießen können.

Ihnen als Hundebesitzer kommt das gemeinsame Spiel am Abend nicht weniger zugute als Ihrem Hund. Spielen, vor allem draußen an der frischen Luft, macht Spaß und es hält Sie genau wie Ihren pelzigen Freund in Bewegung. Wer Spaß hat, lacht viel und das Lachen bringt automatisch Entspannung mit sich. Wenn Sie zu den Menschen gehören, deren Arbeitstag viel Stress mit sich bringt, ist es wichtig, dass Sie eine Möglichkeit zum Ausgleich haben, sonst leidet Ihre Gesundheit. Ebenso wichtig ist es für Ihren Hund, nach einem Tag allein zu Hause ausreichende Stimulierung zu erhalten, um ausgeglichen, gesund und liebevoll zu sein. Haben Sie Kinder? Dann beziehen Sie sie mit ein in das gemeinsame Spiel und alle sind glücklich.

Übrigens, schlechtes Wetter wie Regen oder Schnee sind keine Ausrede dafür, dass nicht gespielt wird. Hundespiele, die Ihren Hund auslasten und müde machen, lassen sich auch in der Wohnung spielen. Zwar haben sie nicht denselben Effekt wie ein ausgiebiges „Gassi gehen" oder Spiel im Park, aber auf jeden Fall bewegt er sich, ist mit Ihnen gemeinsam aktiv – und irgendwann muss er ja mal raus, um sein Geschäft zu machen. Auch bei schlechtem Wetter.

Der Langeweile entgegenwirken

Wie bereits mehrfach erwähnt, können sich Hunde ebenso tödlich langweilen, wie es bei uns Menschen manchmal der Fall ist. Deshalb ist es so wichtig, dass Ihr Hund Beschäftigung hat, möglichst eine, bei der er gleichzeitig auch etwas lernen kann. Hundespiele sind ein wichtiger Bestandteil bei der Erziehung von Hunden. Sie können die Basis-Kommandos wie „Sitz" und „Bleib" oder „Nein" so einbeziehen, dass der Hund Spaß daran hat, sie im Spiel zu wiederholen. Gleichzeitig lernt er, dass sein Verhalten auch Sie erfreut und welcher Hund möchte nicht seinem Lieblingsmenschen gefallen? Vielleicht springt ja auch eine Belohnung dabei heraus? So festigen Sie die Kommandos und er verinnerlicht einige Grundregeln, ohne dass Ihr Hund merkt, dass Sie ihn auf unterhaltsame Weise trainieren und erziehen.

Ängstliche Hunde aufbauen

Auch der neugierigste Hund, der mit Freude und Enthusiasmus in der Natur herumschnuppert und die Parkwiesen unsicher macht, hat möglicherweise Angst vor bestimmten Geräuschen, Gerüchen, vor Menschen, Tieren oder irgendwelchen Dingen, die ihm gefährlich erscheinen. Jeder Hund ist anders. Einige werden schon als kleine Angsthasen geboren, andere entwickelt Ängste erst aufgrund unangenehmer Erfahrungen oder in ganz speziellen Situationen.

Die Persönlichkeit eines Hundes hängt aber nicht nur von seinen Erfahrungen ab, sondern auch von seiner Rasse und individuellen Natur. Der eine hat mehr Angst in einer fremden Umgebung, der andere reagiert ängstlich auf Kinder oder Fahrräder. Die meisten Hunde haben Angst vor unerwarteten, lauten Geräuschen wie Silvesterböllern und allem, was sonst noch laut knallt. Es ist wichtig, dass wir uns für unsere Hund Zeit nehmen, um herauszufinden, was ihn ängstigen könnte und wie wir ihm die jeweilige Situation erleichtern können.

Angst als Aggressionsursache?

Wenn unser Hund Verhaltensprobleme wie Aggressionen zeigt, könnte die Ursache ganz einfach seine Angst sein. Vielleicht ist es nicht der einzige Grund für sein Verhalten, aber Ängste sind bei fast allen Hundeproblemen involviert. Wir können unserem ängstlichen Hund das Leben erleichtern, wenn wir Spiele einsetzen. So kann er spielerisch seine Angst verarbeiten und überwinden. Oft sind Spiele dabei erfolgreicher als andere, traditionellere Methoden. Mit den richtig ausgewählten Spielen kann es uns gelingen, einem ängstlichen und vielleicht traumatisierten Hund Freude, Sicherheit und Liebe zu vermitteln.

Wie unterstützen Sie einen ängstlichen Hund spielerisch?

Es ist wichtig, den Hund das Spiel führen zu lassen. Schimpfen, wenn er nicht macht, was er soll. Anstupsen oder auf Regeln bestehen hilft in diesem Fall nicht. Wir müssen ihn zum Spielen einladen, und wenn er von sich aus mitmachen will, ist das wunderbar. Reagiert er eher abwehrend und will lieber sein eigenes Ding machen, ist das auch in Ordnung. Es ist beides wichtig: Den Hund zum Spielen einzuladen, aber auch die Reaktion des Hundes zu respektieren. Das ist eine Herausforderung für jedes Herrchen. Aber hier hilft nur Geduld. Das therapeutische Spiel mit einem ängstlichen Hund unterstreicht die Gleichberechtigung des Hundes. Er darf sich entscheiden. Das Spiel selber sollte unaufgeregt sein, es soll eine spielerische Kommunikation herrschen und beide, Hund und Mensch sollen das Spiel genießen, wenn der Hund lernen soll, seine Ängste zu überwinden. So lässt sich für das nächste Spiel Vorfreude aufbauen und bereits geübte Verhaltensweisen können spielerisch verstärkt werden.

Bewegungsspiele, vor allem Fang- und Laufspiele, helfen Übergewicht zu vermeiden

Es macht fast keinen Unterschied, ob Sie mit Ihrem Hund im Park spazieren gehen, am Strand um die Wette rennen, ihn quer durch den Pool einem Spielzeug hinterherschwimmen zu lassen, oder ob Sie bei schlechtem Wetter gemeinsam einmal treppauf, treppab durchs Haus und wieder ins Erdgeschoss rennen. Die Vorteile, die Sie und

Ihr Hund aus regelmäßigen, körperlichen Aktivitäten ziehen, sind grenzenlos. Das Herzkreislauf-System wird gestärkt, ebenso die mentale Wachsamkeit, die Gelenke werden geschmiert und fit gehalten. Damit verbessert sich die Mobilität und der Bewegungsapparat bleibt gesund bis ins hohe Alter.

Ganz nebenbei wird natürlich auch der Stoffwechsel angeregt und es kommt zu einem erhöhten Kalorienverbrauch. Wenn Sie Ihrem Hund regelmäßige Bewegung verschaffen, hat Fettleibigkeit keine Chance und sie müssen ihn – und sich selber – später nicht mit lästigen Diätmaßnahmen quälen. Bei all dem haben Sie gemeinsam Spaß und ausreichende Bewegung. Als Nebeneffekt wirken Sie damit Depressionen und Burnout entgegen. Ein weiterer Vorteil für Hund und Herrchen.

Ist Ihr Hund bereits übergewichtig? In diesem Fall müssen Sie bestimmte Vorsichtsmaßnahmen treffen. Sie wollen ja, dass Ihr Hund von seinem Übungsprogramm profitiert, ohne überfordert zu werden oder gesundheitlichen Schaden zu erleiden.

Überhitzung und Hitzschlag können tödlich sein!

Ein übergewichtiger Hund ist besonders gefährdet, sich zu überhitzen. Wenn er plötzlich körperlich übermäßig gefordert wird, steigt die Körpertemperatur sehr schnell an, vor allem dann, wenn der Hund übermäßig viel Körperfett aufweist. Hunde können nicht schwitzen, wie das bei uns Menschen der Fall ist, wenn unsere Körpertemperatur sich erhöht. Ihr Mittel, Wärme abzuleiten, ist das Hecheln. Leider ist das kardiorespiratorische System von Hunden mit Übergewicht jedoch oft geschwächt, sodass es ihnen schwerer fällt, ein Zuviel an

Wärme über das Hecheln auszugleichen. Wenn sie sich überhitzen, kann es zum Hitzschlag kommen, den viele Hunde nicht überleben. Übergewicht erhöht das Risiko von Gelenk- und Weichteilverletzungen

Wie beim Menschen belastet Übergewicht auch bei unseren Hunden den gesamten Bewegungsapparat. Gelenke, Bänder und Sehnen werden stark belastet und Hunden, die nicht täglich aktiv sind, verlernen es, ihre Muskulatur optimal zu koordinieren. Das schwächt die Muskeln und sie ermüden schneller als bei trainierten Hunden. Wenn Sie einen solchen Hund plötzlich über das gemeinsame Spiel einem übersteigerten Bewegungstraining unterziehen, kann es leicht zu einem Kreuzbandriss, zu Lahmheit und Gelenkverletzungen kommen. Besser ist es, einen inaktiven Hund langsam und mit Vorsicht an mehr Bewegung zu gewöhnen, die Sie jederzeit kontrollieren können.

Lassen Sie es langsam angehen

Gehen und Schwimmen an der Leine sind sichere Übungen für den Anfang, die Ihnen trotzdem gemeinsamen Spaß bereiten. Spiele, bei denen Ihr Hund hochspringen und schnell rennen muss, sollten Sie vermeiden, wenn Sie damit beginnen, ihn an mehr Aktivität zu gewöhnen. Erweitern Sie die Spiele langsam Schritt für Schritt, sodass Ihr Hund keinen Schaden erleidet und seine Körpersysteme sich langsam an die erhöhte Aktivität gewöhnen können.

Gewichtsverlust beginnt im Fressnapf

Im Übrigen sollten Sie das gemeinsame Spiel nicht ausschließlich als eine Methode betrachten, mit der Ihr Hund Gewicht verliert. Es kann aber sehr erfolgreich eine Hunde-Diät ergänzen und diese Maßnahme findet nicht draußen in der Natur, sondern in Ihrer Küche statt. Wenn Ihr Hund erfolgreich abnehmen soll, ist es empfehlenswert, dass etwa neunzig Prozent des gewünschten Gewichtsverlusts über die Ernährung erzielt werden. Das heißt, Sie müssen seine Kalorien entsprechend einschränken. Das gemeinsame Spiel soll hauptsächlich Hund und Herrchen Spaß machen und gleichzeitig helfen die gemeinsamen Aktivitäten Ihrem Hund, Fett zu verlieren und gleichzeitig den Stoffwechsel anzuregen und die Muskulatur zu stärken.

Hundespiele schärfen den Geist und verbessern die sozialen Fähigkeiten Ihres Hundes

Gemeinsame spielerische Aktivitäten mit festen Regeln halten nicht nur den Körper und alle Systeme Ihres Hundes fit und gesund, sie helfen auch dabei, seinen Geist zu schärfen und konzentriert zu halten. Gleichzeitig trainiert er beim Spiel mit Menschen oder auch anderen Hunden seine allgemeinen sozialen Fähigkeiten. Er lernt beim gemeinsamen Spielen, vorgegebene Grundregeln einzuhalten. Futter- und Suchspiele gehören in diese Kategorie, aber auch Gehorsamsübungen sind dafür gut geeignet.

Lassen Sie sich von Ihrem Hund im Haushalt unterstützen

Hunde lieben es, einfache Aufgaben im täglichen, gemeinsamen Leben zu übernehmen und auszuführen. Bringen Sie ihrem Hund bei, Türen oder Schubladen für Sie zu öffnen und zu schließen, er kann lernen, das Licht an- und auszuschalten, die Zeitung aus dem Briefkasten zu holen und er wird mit Freude Ihre Einkäufe ins Haus tragen. Wenn das Telefon klingelt, lassen Sie es sich von ihm bringen. Wenn Sie ihm das Apportieren antrainiert haben, lernt er diese Aufgaben ohne Probleme, schon allein deshalb, weil er Ihnen gefallen will. Er wird es lieben, Sie auf diese Art im Haushalt zu unterstützen und seinen Teil zum Funktionieren beizutragen. Er wird nicht nur einfach beschäftigt, sondern er kann sich nützlich fühlen.

Lassen Sie Ihren Hund sein Futter erarbeiten

Futterspiele und Intelligenzspielzeug sind sehr gut geeignet, um Ihren Hund geistig auszulasten. Sie können jedes hohle Spielzeug dafür nutzen. Füllen Sie es mit Leckerlis und lassen Sie Ihren Hund herausfinden, wie er sie erreichen kann, ob durch Rollen, Schütteln oder welche Aktion auch immer. Die Lösung dieser Aufgabe wird ihn beschäftigen und seinen Geist fordern und die Belohnung folgt auf dem Fuße, sobald er herausgefunden hat, was zu tun ist. Futterbälle und Kongs eignen sich perfekt für Futterspiele. Ihr Hund kann sie nicht einfach aufbeißen und zerstören, um an den Gaumenschmaus zu gelangen. Sie sind auch zu groß, um sie vor lauter Gier zu verschlucken. Während Ihr Hund mit dieser Aufgabe beschäftigt ist, sollten Sie jedoch seine Vorgehensweise mit Kauartikeln beobachten und ihn nur mit solchem Spielzeug allein lassen, wenn keine Gefahr droht, dass er sie zerstören und sich daran verletzen kann.

Geistige und körperliche Aktivität kann Demenz entgegenwirken

Obwohl die Wissenschaft noch nicht genauer sagen kann, welche Faktoren bei älteren Hunden Demenz auslösen können, gibt es mehr und mehr Tierärzte, die davon ausgehen, dass die nicht nur für uns Menschen schädlichen freien Radikalen eine der Ursachen sein könnten. Sie schädigen die Zellen und sorgen dafür, dass die Anzahl der Neurotransmitter im Gehirn abnimmt. Dadurch wird der Informationsstrom im Gehirn behindert. Andere Hunde-Experten gehen davon aus, dass bei den betroffenen Hunden die Durchblutung des Gehirns nicht mehr optimal stattfindet.

Egal, welche Ursachen für Demenz bei Hunden verantwortlich sind, wenn Sie rechtzeitig beginnen, mit Ihrem Hund entsprechend gegenzusteuern, lässt sich die Demenz verhindern oder wenigstens die Entwicklung verlangsamen. Doch selbst, wenn Ihr Hund bereits Anzeichen von Demenz zeigt, ist es nie zu spät, mit ihm zu arbeiten. Es gibt Möglichkeiten, wie Sie Ihrem Hund helfen können, mit diesem Zustand umzugehen und trotzdem ein angenehmes Leben zu führen.

Egal, wie alt Ihr Hund ist, es ist für alle Hunde jeden Alters extrem wichtig, dass sie sich ausreichend bewegen, um gesund zu bleiben, und zwar täglich. Gesteigerte körperliche Aktivität kann auch die Gehirnfunktionen stärken und die Auswirkungen des Alterungsprozesses ausgleichen. Bei uns Menschen ist das nicht anders. Untersuchungen haben nachgewiesen, dass die Gehirnkapazität körperlich aktiver Personen, die ein regelmäßiges Training absolvieren, signifikant höher ist als die von Menschen gleichen Alters, die ihre Zeit als „Couchpotatoes" vor dem Fernseher verbringen.

Eigentlich ist dieses Ergebnis nicht überraschend. Wir alle wissen, dass ein täglicher Spaziergang die Durchblutung im ganzen Körper anregt. Wenn Sie regelmäßig mit Ihrem Hund spielen, rennen und laufen, erhöht sich logischerweise die Durchblutung. Verschiedenen Studien zufolge veranlasst regelmäßige Bewegung das Gehirn dazu, seine Blutgefäße zu erweitern, um eine verbesserte Durchblutung sicherzustellen. Das Gehirngewebe wird mit mehr Sauerstoff und Glukose versorgt und kann seine Funktion besser aufrechterhalten.

Die richtige Ernährung kann Wunder wirken

Bis ins hohe Alter fit und gesund zu bleiben, hängt bei uns Menschen von der richtigen Ernährung ab. Bei Hunden ist das nicht anders. Wenn das tägliche Futter alle wichtigen Nährstoffe wie Mineralien, Vitamine wie C und E, Antioxidantien, essenzielle Fettsäuren, beispielsweise Omega-3 Fettsäure enthalten, kann sich das Gehirn normal entwickeln und auf der Höhe bleiben. Die Antioxidantien sind unerlässlich im Kampf gegen die zerstörerischen freien Radikalen, die sich auf die gesunden Gehirnzellen stürzen und sie zur Korrosion bringen. Dass Vitamine Gedächtnisverlust verhindern können, ist inzwischen allgemein bekannt. Die lebensnotwendigen Omega-3 Fettsäuren spielen unter anderem eine wichtige Rolle bei der kognitiven Entwicklung.

Nicht vergessen: auch Ihr Hund braucht täglich Obst und Gemüse

Nicht nur Menschen sollen täglich frisches Obst und Gemüse essen, auch unsere Haustiere benötigen die Nährstoffe aus diesen gesunden Nahrungsmitteln. So ist sichergestellt, dass sie zu jeder Zeit alle notwendigen Nährstoffe erhalten. Die im Handel erhältliche kommerzielle Tiernahrung, die speziell zur Stärkung der psychischen Gesundheit von Hunden entwickelt wurde, enthält viele der Inhaltsstoffe, die für Ihren Hund wichtig sind. Doch hier und da fehlen auch wertvolle Nährstoffe, je nach Marke. Deshalb ist das Zufüttern von frischem Obst und Gemüse ein Muss, wenn Ihr Hund lange gesund und munter bleiben soll. Darüber hinaus soll eine zusätzliche Gabe von Omega-3 Fettsäuren die Plaque-Bildung im Gehirn deutlich reduzieren, nimmt die Wissenschaft inzwischen an.

Unbestritten ist jedoch, dass eine Kombination von gesundem, nahrhaftem Futter und ausreichender Bewegung sowie mentaler Förderung wesentlich sind für die langfristige körperliche und geistige Gesundheit Ihres Hundes.

Das gemeinsame, regelmäßige Spielen sorgt für eine intensive Bindung zwischen dem Hund und seinem Herrchen

Tierexperten sagen, dass Hunde jedes gemeinsame Spiel mit einem Menschen dem einsamen Spiel mit einem Spielzeug vorziehen. Am liebsten haben sie es natürlich, wenn bei den Hund-Mensch-Aktivitäten auch ein Spielzeug involviert ist. Dann ist das Glück perfekt. Die Wissenschaftler unterscheiden zwischen dem indirekten Spiel, bei dem beispielsweise der Mensch das Spielzeug für den Hund führt und bewegt, und dem direkten Spiel, bei dem Hund und Mensch miteinander spielen.

Das direkte Spiel ist wesentlich besser dazu geeignet, die Bindung zwischen den beiden zu stärken, als das indirekte Spiel, selbst wenn das gemeinsame Spiel nur wenige Minuten am Tag umfasst. Dabei ist es am allerwichtigsten, dass beide, Mensch und Hund, Spaß an dieser gemeinsamen Zeit haben. Wenn bei solchen Spielen die geistige Auslastung sehr hoch ist, kann es für den Hund ziemlich anstrengend sein. Deshalb ist es wichtig, ihn bei solchen Spielen nicht zu überfordern. Lieber kurz und viel Spaß als überzogen und erschöpfend.

Worauf muss man als Hundehalter achten?

Es ist ratsam, nicht zu viele Spiele auf einmal anzusetzen oder auch, wenn Sie ein neues Spiel einführen, darauf zu achten, dass Sie nicht zu viele Übungsschritte auf einmal trainieren. Es besteht sonst die Gefahr, dass Sie den Hund überfordern. Bevor Sie mit dem Hund üben, sollten Sie sich deshalb jeden Schritt genau ansehen, damit Sie wissen, wie das Spiel aufgebaut ist, was vom Hund verlangt wird und welches Kommando Sie dafür verwenden sollen. Gehen Sie dann das Spiel langsam und so lange durch, bis Ihr Hund die Regeln verstanden hat. Bringen Sie ihm vor allem kein neues Spiel bei, solange er die Regeln des letzten noch nicht verinnerlicht hat, um ihn nicht zu verwirren.

Belohnen Sie Ihren Hund, wenn er die Regeln einhält und seine Sache gut macht. Solche Belohnungen müssen nicht immer nur Leckerlis sein. Geben Sie ihm eins seiner Lieblingsspielzeuge, die Sie vorher für ein paar Tage versteckt hatten. Loben Sie ihn über den grünen Klee und zeigen Sie ihm Ihre Liebe und Zuneigung in vielen Umarmungen. Wenn er Autofahren bei offenem Fenster liebt, machen Sie mit ihm eine Spazierfahrt, bei der er sich den Wind um die Nase wehen lassen darf. Stellen Sie sicher, dass er versteht, dass diese Fahrt eine Belohnung für die gute Ausführung des Spiels ist.

Nicht jeder Hund liebt alle Spiele gleichermaßen

Es kommt vor, dass ein Hund aus welchem Grund auch immer ein Spiel nicht mehr zu verstehen scheint. In diesem Fall beginnen Sie einfach von vorn oder beenden Sie es und versuchen es in ein paar Tagen noch einmal. Auch wenn er nicht sofort begreift, was Sie von ihm wollen, reagieren Sie nicht ungehalten. Vielleicht macht es ihm keinen Spaß, oder es ist ihm zu schwierig für seinen Entwicklungsstand.

Was für den einen Hund ganz leicht ist, empfindet ein anderer als schwer. Ohne den Hund zu kennen, lässt sich allgemein nicht festlegen, welchen Schwierigkeitsgrad ein Spiel haben soll. Das hängt vom Hund ab, unter anderem auch von der Rasse und Größe des Hundes. Ist er groß, fällt es ihm vermutlich schwerer, über den Boden zu kriechen, als einem kleinen Hund. Es kann auch vorkommen, dass ein Hund ein Spiel, das Sie vorschlagen, nicht mag und sich von daher schon automatisch schwertut. Ein anderer Hund liebt dieses Spiel vielleicht und folgt jeder neuen Regel mit Freuden. Das ist nicht anders als bei uns Menschen. Nicht alles, was man machen kann, ist für jeden geeignet. Halten Sie sich immer vor Augen, dass das Spiel Ihnen beiden Spaß bereiten und Ihre Beziehung stärken soll. Schimpfen Sie nicht mit dem Hund. Wählen Sie lieber ein anderes Spiel, an dem Sie beide Spaß haben.

Auch beim Spielen sind Sie immer der Boss!

Wie für alles, was wir tun, gibt es unterschiedliche Wege, zum Ziel zu kommen. Für Sie als Hundehalter ist es unerlässlich, dass Sie beim Spielen der Boss sind. Sie bestimmen, was gespielt wird, welches Spiel Sie gemeinsam spielen und Sie legen die Regeln fest. So unterstreichen Sie Ihre Glaubwürdigkeit als Rudelführer und halten Ihren Hund gleichzeitig davon ab, sich übermäßig aufzuregen. Sie behalten die Kontrolle zu jedem Zeitpunkt des Spiels. Integrieren Sie die Befehle „Sitz“, „Platz“ und „Bleib“ in jedes Spiel. Falls sich Ihr Hund zu sehr aufregt, nutzen Sie diese Kommandos, um das jeweilige Spiel zu beenden, bis er sich wieder im Griff hat.

Vor allem, wenn Ihr Hund schon etwas betagter ist, können sie die Grundkommandos auch zu Hause in der Wohnung in Ihre Spiele mit einbeziehen. Der Hund ist dort weniger abgelenkt und kann sich stärker auf die Übung konzentrieren. So können Sie dem Hund leicht weitere Kommandos beibringen wie „sich totstellen“ oder „Männchen machen“. Dabei wird gleichzeitig der Grundgehorsam gefestigt.

Spiele wie Ringen und Tauziehen fördern beißendes, dominantes und aggressives Verhalten. Sie sollten sie vermeiden, wenn Ihr Hund in der Aufregung zu solchem Verhalten neigt. Ihr Körper und Ihre Kleidung sind Tabu. Machen Sie sie nicht zum Bestandteil eines Spiels.

Beenden Sie ein Spiel immer dann, wenn Ihr Hund noch spielfreudig ist.

Hundespiele mit Wau-Effekt

Ich kann es nicht oft genug betonen: Egal, ob ihr Hund jung und fit oder schon älter und behäbiger ist, um ihm bis ins hohe Alter geistig und körperlich gesund und fit zu halten, müssen Sie mit ihm spielen, und zwar mehrmals pro Woche. Sie können ihm Hundespielzeug kaufen, ihm selber welches basteln oder interaktive Spiele mit ihm spielen. Wofür auch immer Sie sich entscheiden und welche Möglichkeiten Ihre Zeit zulässt, Ihr Hund braucht Unterhaltung und er braucht gemeinsame Zeit mit Ihnen, seinem Menschen, dem er vertraut.

Sie können Gehorsamsübungen mit ihm machen, Futterspiele veranstalten und im Garten oder im nächsten Park mit ihm Frisbee spielen. Alles, was die Langeweile durchbricht, die er tagsüber verspürt, wenn er allein zu Hause ist, wird Ihrem Hund willkommen sein. Ganz oben auf der Beliebtheits-Skala stehen natürlich alle Spiele, die Sie direkt mit ihm spielen, denn nach den vielen Stunden allein sehnt er sich nach Ihrer Nähe. Wie Sie diese gemeinsame Zeit gestalten, liegt bei Ihnen.

Natürlich bietet sich ein täglicher Spaziergang an, bei dem Sie beide die überschüssige Energie des Tages auf angenehme Weise loswerden können. Ein Zwischenstopp im Park schafft die Möglichkeit für ausgiebiges Schnüffeln, vielleicht trifft Ihr vierbeiniger Freund andere Hunde, mit denen er herumtollen kann, oder Sie zaubern ein Hundespielzeug hervor, mit dem Sie sich gemeinsam beschäftigen können. Ein gemeinsames Spiel an der frischen Luft im Grünen ist ideal.

Doch es gibt auch jene Tage und manchmal Wochen, an denen sowohl Sie als auch Ihr Hund den Aufenthalt im Freien am liebsten auf das Allernotwendigste zum Gassi gehen beschränken würden. Wenn es so richtig in Strömen gießt, bei Schneematsch in den Straßen oder bei Glatteis spielt es sich sehr viel angenehmer in der warmen, gemütlichen Wohnung. Ebenso sieht es an besonders heißen Sommertagen aus, wenn die Bürgersteige aufgeheizt sind und der Asphalt glüht.

Aber keine Sorge: In diesem Buch finden Sie genügend Spiele, die Ihren Hund auch drinnen beschäftigen und die Ihnen beiden gefallen.

Vorbereitung ist das A und O

Für das Spielen im Haus müssen Sie ein paar Vorkehrungen treffen, zum einen, um die Sicherheit Ihres Vierbeiners nicht zu gefährden, zum anderen, weil einige Spiele entsprechend vorbereitet werden müssen. Zu guter Letzt sollten Sie alles aus dem Weg räumen, was bei einem ausgelassenen Spiel mit Ihrem Hund in die Brüche gehen könnte. Sie wollen Spaß haben und sich nicht hinter ärgern, weil eine teure Vase oder das gute Geschirr einem ungestümen Kong-Jäger zum Opfer gefallen ist.

Wenn Sie planen, Ihren Hund mit einem Kong zu erfreuen, müssen Sie ihn vorher mit Leckerlis oder Hundefutter befüllen. Dafür eignen sich aber auch andere Hundespielzeuge, die hohl sind, oder ein Futtersäckchen, das Sie aus einem alten T-Shirt binden können. Achten Sie unbedingt darauf, dass dieses Spielzeug nicht zu klein ist. Sonst besteht die Gefahr, dass Ihr Hund es im Eifer des Gefechts hinunterschluckt.

Ebenso wichtig ist es, dass das Spielzeug unzerbrechlich ist, sodass es nicht zerbrechen kann, wenn Ihr Hund darauf herumbeißt. Die Einzelteile könnten die Hundeschnauze verletzen.

Natürlich sollten Sie die Futtermenge und fressbaren Belohnungen, die Sie in den Kong oder das Spielzeug stecken, mit der Gesamt-Futterration Ihres Hundes verrechnen. Sie wollen ja nicht, dass Ihr Hund Fett ansetzt, das Sie dann später mit ihm mühsam wieder abtrainieren müssen.

Überlegen Sie sich, welche Spiele Sie mit Ihrem Hund an diesem Abend spielen wollen und legen Sie sich alle Regeln und Abläufe zurecht, damit später alles glattgeht. Allerdings sollten Sie Ihren Vierbeiner auch nicht überfordern. Vor allem, wenn Sie Gehorsamsübungen in die Spiele einbauen und ihn geistig stark fordern, kann das auf Dauer sehr anstrengend für den Hund werden. Gehen Sie deshalb in kleinen Schritten vor und halten Sie die einzelnen Übungen anfangs kurz. So bringen Sie Abwechslung in das Alltagsleben Ihres Hundes und lasten ihn aus, ohne ihn zu überlasten. Auf diese Weise können Sie beide das gemeinsame Spiel genießen und gleichzeitig die Bindung zwischen Ihnen beiden verstärken.

Die Spiele können beginnen. Sie werden sehen, es wird nicht langweilig werden und Sie müssen auch nicht tief in die Tasche greifen, um teures Hundespielzeug zu kaufen. Sie müssen Ihrem Hund nur etwa Aufmerksamkeit schenken und sich mit ihm beschäftigen. Hunde lieben interaktive Spiele. Viel mehr brauchen sie nicht für Ihr Wohlbefinden. Das sehen Sie am glücklichen Gesicht Ihres Hundes nach einer Runde Tauziehen oder wenn er eine Aufgabe, die Sie ihm gestellt haben, erfolgreich lösen konnte. Mit den Spielen und zu lösenden Aufgaben geben Sie ihm etwas Sinnvolles zu tun. Ihr Hund wird es Ihnen mit Liebe danken.

Die Grundkommandos wiederholen

Die Grundkommandos „Sitz“, „Platz“, „Bleib“ und „Hier“ bleiben bei den täglichen Spaziergängen oft auf der Strecke, vor allem, wenn es sich um einen schon etwas älteren Hund handelt. Beim Spiel im Haus können Sie diese Kommandos wiederholen und Ihren Hund gleichzeitig neue Fertigkeiten lehren, die mit neuen Kommandos einhergehen. Bringen Sie Ihrem Hund bei, Pfötchen zu geben, etwas hinter sich herzuziehen, sich tot zu stellen oder eine Rolle zu machen, Ihr Hund kann lernen, sich zu verbeugen oder sich verschämt zeigen, Männchen machen oder winken. Bestimmt fallen ihnen noch mehr Tricks ein, wenn sie erst einmal damit angefangen haben, und Sie werden gemeinsam eine gute Zeit haben. Aber auch hier gilt wieder, weniger ist mehr. Seien Sie lieber geduldig und üben Sie immer nur wenige neue Tricks ein, bis der Hund sie verinnerlicht hat. Wenn Sie ihn überfordern, haben Sie beide nichts davon.

Hindernislauf und Hundesport

Die Geschicklichkeits- und Beweglichkeitsübungen aus der „Agility“, dem Hundesport, finden normalerweise im Freien statt. Dafür werden viele Hindernisse aufgebaut, die die Hunde bezwingen oder umlaufen müssen. Doch nichts spricht dagegen, den häuslichen Gegebenheiten entsprechend einen Hindernis-Parkour für ihren Hund aufzubauen. Dafür müssen Sie nur ein paar Hilfsmittel aus dem

Haushalt zweckentfremden. Ein Besenstiel über zwei Stühle gelegt wird zur Hürde, zwei Hocker mit einer darübergehängten Decke verwandeln sich in einen Tunnel. Die Stuhlbeine eignen sich für einen Slalomlauf für kleine Hunde.

Schnüffel- und Futterspiele für drinnen

Zu den unkompliziertesten Spielen gehören die Schnüffelspiele, mit denen Sie Ihren Hund nicht nur dabei unterstützen, seine natürlichen Fähigkeiten wie das Erschnuppern von Leckereien zu entwickeln, sondern gleichzeitig auch ermüden.

1. Leckerli suchen

Wählen Sie ein paar Lieblings-Leckerlis Ihres Hundes aus und lassen ihn dabei zuschauen, wie Sie sie im Zimmer verstecken. Dann geben Sie Ihm das Kommando „Leckerlis suchen“. Immer wenn er eins findet, müssen sie ihn natürlich loben.

Variante: Wenn Ihr Hund genau verstanden hat, worum es bei diesem Spiel geht, können Sie einen Schwierigkeitsgrad einbauen, indem Sie ihn nebenan warten lassen, während Sie die Leckereien verstecken, die auch ein Stück Obst oder Karotte sein können. Verstecken Sie die Sachen unter einem Kissen oder einer Teppichecke, sodass der Hund seine Nase einsetzen muss, um die Verstecke zu erschnüffeln.

2. Der gefrorene Kong

Servieren Sie Ihrem Hund einen gefüllten Kong gegen die Langeweile während Ihrer Abwesenheit. Sie sind ungiftig, unzerstörbar und hygienisch, weil spülmaschinenfest. Ein mit Futter gefüllter Kong ist ein perfektes Mittel gegen die Langeweile, während Sie bei der Arbeit sind. Sie können den gefüllten Kong über Nacht ins Gefrierfach legen und ihn dem Hund am Morgen hinstellen. Wenn der Inhalt vollständig gefroren ist, wird das Spiel mit dem Kong Ihren Hund für einige Stunden beschäftigt halten.

3. Folge dem Hundekuchen

Eine Kombination aus Futterspiel und Bewegung ist das „Folge dem Hundekuchen“-Spiel: Sie rollen den Hundekuchen oder eine Knabberei über den Boden und lassen den Hund hinterherrennen.

Variante: Mit eingebautem Grundkommando ergibt sich ein etwas höherer Schwierigkeitsgrad. Geben Sie dem Hund das Kommando „Sitz“ oder „Platz“, solange der Hundekuchen rollt. Er darf erst hinterherrennen, wenn der Keks still liegt.

4. Futter-Versteckspiel

Sie können das Futter auch in einem Zimmer statt in der gesamten Wohnung verstecken. Der Hund muss in einem bestimmten Raum warten, während Sie das Futter an besonders schwierigen Stellen verstecken. Das kann unter einem Schrank oder Sessel sein, unter einem Treppenabsatz oder auf einer Fensterbank zwischen den Blumentöpfen. Dann schicken Sie den Hund los mit dem Kommando „Futter suchen“. Nun muss er seine Nase wirklich intensiv einsetzen, was auch körperlich zur Ermüdung führt. Er wird später wunderbar schlafen.

Variante: Das Futter-Versteckspiel eignet sich auch gut als Beschäftigung gegen die Langeweile. Bevor Sie zur Arbeit gehen, verstecken Sie einige Leckerlis an bestimmten Stellen im Haus. Versuchen Sie, immer andere Plätze auszuwählen, damit es für Ihren Hund nicht zur Routine wird und er schon vorher weiß, wo er suchen muss. So wird er einen großen Teil seines Tages damit verbringen, köstliche Kleinigkeiten zu erschnüffeln.

Variante 2: Noch spannender können Sie es für Ihren Hund machen, wenn Sie die Leckereien in einem Behälter verstecken, in den der Hund nicht einfach so mit seiner Zunge hineingelangen kann. Dann muss er nicht nur seinen Geruchssinn einsetzen, um den Leckerbissen zu finden, sondern er muss auch noch einen Weg finden, ihn aus dem Behälter herauszuholen.

5. Das gefrorene Leckerli

Frieren Sie Leckereien in einen Eisblock ein. Das ist an heißen Sommertagen eine wunderbare Erfrischung für Ihren Hund und das Warten auf das Auftauen hält ihn beschäftigt und aufmerksam. Sie müssen nur eine Schüssel mit Leckereien füllen und mit Wasser aufgießen. Deponieren Sie sie über Nacht in Ihrem Gefrierschrank und stellen die Schüssel morgens für Ihren Hund bereit. Während das Eis langsam schmilzt, werden die Leckereien nach und nach freigesetzt und können schnabuliert werden. Ein Geduldsspiel für Ihren Hund. Er kann aber auch dafür sorgen, dass das Eis schneller schmilzt, wenn er schlau ist. Dann kann er zwei Fliegen mit einer Klappe schlagen. Er leckt das Eis, löscht seinen Durst und kommt schneller an seine Köstlichkeiten. Nebenbei bleibt der Hund schön kühl und schwitzt nicht.

Variante: Gute Versteckmöglichkeiten sind auch Papprollen und Eierbehälter, eine Muffins Form, auf die Sie einen kleinen Ball legen, den er erst entfernen muss, um an das Leckerli zu kommen. Eine halb offene Schublade mit Socken ist ein ebenso gutes Versteck wie ein über das Leckerli drapiertes Halstuch.

Denkspiele für drinnen

6. Das klassische Hütchen-Spiel

Das Hütchen-Spiel eignet sich hervorragend als geistige Anregung für Ihren Hund. Er muss ein Problem lösen und wird mit einem Leckerli belohnt, wenn er erfolgreich ist. Dafür legen Sie seine Belohnung unter einen von drei Joghurtbechern, während er dabei zusieht. Dann bewegen Sie die drei Becher willkürlich hin und her und sagen dem Hund: „Such‘ das Leckerli!“. Dieses Spiel unterstützt seine Problemlösungsfähigkeiten und verschafft ihm geistige Anregung.

7. Bring' mir ein Bier

Bringen Sie Ihrem Hund bei, die Kühlschranktür zu öffnen und Ihnen eine Dose Bier zu bringen. Für Dieses Spiel brauchen Sie etwas Geduld, Sie müssen es schrittweise aufbauen.

Zunächst wickeln Sie ein Handtuch um den Griff und sagen „zieh", dann ziehen Sie selber an dem Handtuch. Wiederholen Sie diese Übung, bis er begriffen hat, was Sie von ihm erwarten und er es schafft, die Tür selber zu öffnen.

Dann bringen Sie ihm den Begriff für verschiedene Dosen bei, die in Ihrem Kühlschrank stehen und für ihn gut erreichbar sind, beispielsweise Bier und Cola. Üben Sie zuerst, indem Sie die entsprechende Dose auf den Tisch stellen, sagen Sie den Namen und geben Sie sie ihm ins Maul. Sagen Sie „bring die Cola/das Bier" und lassen Sie sich die Dose geben. Wiederholen, bis er es versteht.

Nun lassen Sie ihn eine Dose aus dem offenen Kühlschrank herausholen und Ihnen bringen.

Variante: Erhöhen Sie den Schwierigkeitsgrad, indem Sie die Tür schließen und ihn mit dem Kommando „zieh" auffordern, die Kühlschranktür zu öffnen und mit „bring Cola", Ihnen eine Dose zu bringen. Als nächsten Schritt setzen Sie sich ins Nebenzimmer geben ihm dieselben Kommandos. Wenn er Ihnen die Dose zu Ihrem Sitzplatz bringt, spielen Sie zur Belohnung eine Runde Tauziehen mit ihm und lassen Sie ihn gewinnen. Ihr Hund wird stolz wie Bolle sein, wenn Sie ihn über den grünen Klee loben.

8. Der Wegräumer

Trainieren Sie Ihren Hund, sein Spielzeug selber wegzuräumen. Sie werden sehen, das bringt Ihnen beiden viel Spaß! Besorgen Sie einen Behälter, in dem das ganze Hundespielzeug seinen Platz hat. Nun muss der Hund lernen, sein Spielzeug dort hineinzulegen, wenn er nicht mehr damit spielt. Jedes Mal, wenn Sie Ihrem Hund einen neuen Trick beigebracht haben, wächst sein Vertrauen in sich selbst und seine Fähigkeiten und er wird mental stimuliert.

Es ist gar nicht so schwer, ihm diesen neuen Trick beizubringen. Vielleicht kennt er ja schon das Kommando „fallen lassen". Nun bringen Sie ihm bei, ein Spielzeug aufzuheben und zum Container zu gehen. Wenn er über diesem steht, sagen Sie „fallen lassen". Wenn das Spielzeug im Container landet, loben Sie ihn als hätte er die Welt gerettet. Üben Sie so lange mit ihm, bis er selber Spaß daran hat, Gegenstände aufzuheben und in die Kiste fallen zu lassen. Dann brauchen sie am Abend nur noch die entsprechenden Kommandos zu geben und Sie haben gleichzeitig eine angenehme Spielzeit und das Spielzeug ist weggeräumt, ohne dass Sie einen Finger rühren mussten. Dafür brauchen Sie nur ein wenig Geduld, das ist alles. Und Ihr Hund ist stolz und glücklich.

9. Der Zeitungsbote

Bringen Sie Ihren Hund bei, die Zeitung aus dem Briefkasten zu holen und an den Frühstückstisch bringen, vorausgesetzt, er kann die Zeitung erreichen. Gehen Sie dafür mit ihm zum Briefkasten, geben

Sie ihm das Kommando „bring Zeitung", ziehen Sie die Zeitung heraus und stecken Sie sie ihm ins Maul. Dann wiederholen sie das Kommando und gehen mit ihm zum Frühstückstisch, setzen sich hin und nehmen sie ihm ab. Lob, Dank und Belohnung. Das wiederholen Sie, bis er es von alleine kann.

10. Komm', wir gehen Gassi

Lassen Sie Ihren Hund seine Leine bringen, wenn Sie mit ihm Gassi gehen wollen. Gehen Sie genauso schrittweise vor, wie bei der Zeitung. Seien Sie geduldig. Sagen Sie ihm das Kommando „ausgehen" und lassen sich die Leine erst in die Hand geben, später an Ihren Platz bringen. Sobald er begriffen hat, dass Sie mit ihm ausgehen, wenn er die Leine bringt, wird er es sogar ohne Kommando tun.

Variante: Auf dieselbe Weise kann Ihr Hund lernen, für Sie Türen oder eine Schublade zu öffnen und zu schließen, Ihnen die Schuhe zu bringen oder die Einkaufstasche auszuräumen, sodass Sie die Einkäufe nur noch wegräumen müssen. Er kann ihnen mit vielen Kleinigkeiten zur Hand gehen. Dabei wird die Verbundenheit zwischen Ihnen gestärkt und eine kleine Hilfe sind seine Handreichungen auch noch. Natürlich ist er auch stolz, weil er merkt, dass er etwas Sinnvolles tun darf.

Spiele für drinnen bei wenig Platz

11. Tauziehen

Interaktive Spiele wie das Tauziehen sind wunderbare Trainingsmöglichkeiten für Ihren Hund auf geistiger und körperlicher Basis. Sie können dabei helfen, unerwünschtes Verhalten wie übertriebenes Bellen und Kauen einzudämmen. Das Tauziehen ist eine der besten und sinnvollsten Spiele dieser Art. Es ist ideal für draußen und drinnen, denn viel Platz benötigen Sie nicht.

Wenn Sie kein Tau haben, machen Sie sich ein Ersatzspielzeug aus alten, ausgeleierten T-Shirts. Die müssen Sie nur ineinanderflechten und können Sie so einer neuen Aufgabe zuführen, anstatt sie wegzuwerfen.

Manche Hundebesitzer sagen, Ihr Hund reagiere auf dieses Spiel mit aggressivem Verhalten. Doch wenn Sie den Hund gewinnen lassen, passiert das nicht, dann hat er keinen Grund, dominant zu werden. Im Gegenteil, wenn Sie ihn gewinnen lassen, hat er Spaß daran, das Spiel immer wieder zu spielen, er möchte natürlich das Erfolgserlebnis wiederholen. Das Tauziehen ist hervorragend dazu geeignet, das Benehmen des Hundes und seine Impulskontrolle zu verbessern. Auch in körperlicher Hinsicht ist es sehr anspruchsvoll. Wichtig ist dabei, dass Ihr Hund bestimmte Grundregeln kennt und befolgt, beispielsweise, dass das Spiel beendet ist, wenn seine Zähne Ihre Hand berühren. Hunde, mit denen so gespielt wird, sind gehorsamer und sie haben ein gesundes Selbstvertrauen.

12. Hundekino

Hunde sind von Natur aus neugierig, also geben Sie Ihrem Liebling die Möglichkeit, den Hof durchs Fenster zu erkunden, wenn Sie nicht zu Hause sind. Jede Bewegung vor dem Fenster ist für ihn höchst interessant. Viele Hunde lieben es, im warmen Sonnenlicht auf der Fensterbank ein Nickerchen zu machen. Suchen Sie deshalb in Ihrem Haus ein Fenster, das nicht nur einen interessanten Ausblick auf die Straße oder den Hinterhof gewährt, sondern bei dem die Sonne zum Lieblingszeitpunkt für ein Nickerchen genau richtig steht. Schaffen Sie dort mithilfe seiner Lieblings-Kuscheldecke oder seines bevorzugten Hundebetts ein ganz spezielles „Kuschelkino" für Ihren Liebling. Wenn Sie die Vorhänge offenlassen, hat er den ganzen Tag über etwas zu beobachten. Sie werden überrascht sein, wie spannend es für Ihren Hund sein kann, sich auf seiner Aussichtsplattform im Sonnenlicht zu räkeln und jede Bewegung vor dem Fenster zu verfolgen. So wird es ihm nie langweilig, zu Hause auf Sie zu warten.

13. Nach links und rechts schauen

Zeigen Sie Ihrem Hund in „Sitz"-Position ein Leckerli und bewegen Ihre Hand dann nach links. Sobald er mit dem Kopf Ihrer Hand folgt, sagen Sie „Links". Wiederholen, bis er seinen Kopf auf Kommando und Handzeichen nach links dreht. Danach üben Sie auf die gleiche Weise mit „Rechts".

14. Hundetanz

Zeigen Sie Ihrem Hund ein Leckerli und halten es so hoch, dass er es nur erreichen kann, wenn er sich auf die Hinterbeine stellt. Nun beschreiben Sie mit dem Leckerli einen Kreis über seinem Kopf, sodass sich der Hund ebenfalls dreht. Sagen Sie „Tanzen“. Wiederholen, bis er auch ohne Leckerli nur auf Kommando und Fingerzeichen tanzt. Belohnen.

15. Das Würfelspiel

Dieses Spiel ist nicht für jeden Hund geeignet. Spielen Sie das Würfelspiel nur, wenn Ihr Hund das Kommando „Nimm“ kennt und den Würfel nicht hinunterschluckt. Vorausgesetzt, das ist der Fall, halten Sie ihm den Würfel vor die Nase und sagen Sie „Nimm“. Nun halten Sie ihm ein Leckerli so hoch hin, dass er den Kopf anhebt und den Würfel in hohem Bogen ausspuckt, um an das Leckerli zu kommen. Sagen Sie „Würfeln“, wenn er das tut, und belohnen Sie ihn.

16. Ordnung machen

Auch für dieses Spiel ist es hilfreich, wenn der Hund die Kommandos „Nimm“ und „Aus“ kennt. Üben Sie mit einem Spielzeug, das der Hund problemlos hergibt. Geben Sie ihm das Spielzeug mit „Nimm“, stellen Sie eine Kiste direkt vor den Hund und sagen Sie „Aus“, sodass das Spielzeug in die Kiste fällt. Wenn das nach mehreren Wiederholungen gut klappt, stellen Sie die Kiste ein wenig weiter weg, geben dem Hund mit „Nimm“ das Spielzeug, sagen „Aufräumen“ und führen ihn zur Kiste. Wenn er direkt darübersteht, sagen Sie „Aus“. Trainieren Sie das so lange mit einer immer größeren Entfernung der Kiste, bis er auch dann das Spielzeug hineinfallen lässt, wenn Sie ihn nicht begleiten. Mit viel Geduld und Übung kann Ihr Hund am Ende auf Kommando sein Spielzeug selber aufräumen.

17. Pfandsammler

Üben Sie mit Kunststoffflaschen, genau wie bei „Aufräumen“, nur dass der Hund die Flaschen auf Kommando in den Leergutkasten fallen lässt.

18. Das Sparbüchsenspiel

Auch dieses Spiel sollten Sie nur spielen, wenn Ihr Hund die Münze ganz sicher wieder hergibt. Er sollte die Kommandos „Nimm“ und „Aus“ kennen und es wäre hilfreich, wenn er aufräumen kann. Fangen Sie mit einem großen Behälter an, sagen Sie „Nimm“, geben dem Hund die Münze und gehen so vor wie beim Aufräumspiel. Er soll sie bei „Aus“ in den Behälter fallen lassen. Lassen Sie den Behälter immer kleiner werden, nehmen Sie irgendwann eine Box mit einem großen Schlitz im Deckel, der Schlitz wird immer kleiner. Für dieses Spiel benötigen Sie geduldiges Durchhaltevermögen.

19. Das Sockenspiel

Ihr Hund sollte für dieses Spiel „Nimm" kennen. Beginnen Sie, indem Sie eine Socke über ihren Fuß legen und „Nimm" sagen. Wenn Ihr Hund die Socke aufnimmt, belohnen Sie ihn. Ziehen Sie die Socke ein Stück weit über den Fuß und bei jedem Durchgang ein Stückchen weiter. Aufpassen, dass immer genügend Sicherheitsspielraum zwischen Sockenspitze und Zehen ist.

20. Schließe die Tür

Für dieses Spiel sollte Ihr Hund das Kommando „Anstupsen" kennen. Da die Nase keine Kratzspuren hinterlässt, ist es empfehlenswert, ihn die Tür mit der Nase schließen zu lassen und nicht mit der Pfote. Halten Sie sein Spielzeug an die Tür und kommandieren „Anstupsen". Nach einigen Wiederholungen geben Sie ihm das Kommando ohne Spielzeug. Wenn er verstanden hat, dass er die Tür anstupsen soll, sagen Sie „Tür zu". Dann öffnen Sie die Tür einen Spalt breit und lassen ihn stupsen, bis die Tür zu ist. Üben Sie mit immer weiter geöffneter Tür und entfernen sich schrittweise, bis Sie den Hund vom Sessel aus anweisen können, die Tür zu schließen.

21. Regelmäßige Pflegesitzungen

Nägel schneiden, Zähne putzen, baden, bürsten – nicht jeder Hund hat Lust auf die lästigen Pflegesitzungen, die aber leider sein müssen. Entwickeln Sie ein Reinigungsritual mit vielen Belohnungen, ein

Spiel, auf das sich Ihr Hund gerne einlässt. Wenn er besonders brav war, spielen Sie am Ende eine Runde Tauziehen mit ihm. Er wird es lieben.

22. Hundemassage – Entspannung für Hund und Mensch

Beenden Sie den Tag mit einer liebevollen Hundemassage. Sie beruhigt und entspannt Hund und Mensch gleichermaßen, baut beim Hund Ängste und Stress ab und kann besonders für einen älteren Hund eine wahre Wohltat sein, wenn er unter Gelenkproblemen leidet. Die Massage kann lindernd auf den Schmerz einwirken, die Durchblutung anregen und das Band zwischen Ihnen und Ihrem Hund verstärken.

23. Das Kuschelspiel

Nicht jeder Hund mag sich auf eine Hundemassage einlassen. Bieten Sie ihm stattdessen zur gemeinsamen Entspannung und als Tagesabschluss eine Runde Kuscheln auf dem Sofa an. Ihr Hund wird es lieben, mit Ihnen gemeinsam auf dem Sofa abzuhängen, vielleicht einen Film anzusehen, Streicheleinheiten zu kassieren und zu geben. Ihr Hund wird schon nach kurzer Zeit darauf lauern, die Stunde vor dem Zubettgehen mit ihnen zu kuscheln. Es gibt nichts Besseres, um das gemeinsame Band zwischen Ihnen zu verstärken.

Clicker-Spiele

Exkurs: Clicker-Training für Einsteiger - die Grundkommandos

Neben einer für den Hund klar verständlichen Kommunikation braucht ein Hund die Bestätigung für sein Verhalten in Sekundenschnelle - genauer gesagt zwischen 0,5 bis 2 Sekunden. Entsprechend des Feedbacks, das Sie ihm geben, wird er ein bestimmtes Verhalten beibehalten, weil er dafür belohnt wurde, oder unterlassen, wenn er bestraft wurde.

Mit dem Clicker können Sie diese Voraussetzung für eine klare Kommunikation zwischen Ihnen und Ihrem Hund problemlos erfüllen, denn sobald Sie clicken, geben ihm die Bestätigung, dass er die Aufgabe gut gelöst hat und er weiß, dass er sich auf eine Belohnung freuen kann und auch, wofür genau er sie bekommt. Es ist wie beim Fotografieren. Sie drücken den Auslöser und der Hund hat ein klares Foto Ihrer Erwartungen im Kasten.

Einen Clicker erhalten Sie in jedem Fachgeschäft für Tiere. Das Kunststoffgehäuse umschließen Sie mit einer Hand. Der Doppelclick, den Sie durch Druck auf den Clicker auslösen, zeigt Ihrem Hund, dass Sie mit ihm zufrieden sind und er sich eine Belohnung verdient hat. Es bedeutet soviel wie „gut gemacht“. Sie gewöhnen Ihren Vierbeiner an das Geräusch, indem Sie immer dann clicken, wenn er ein Leckerli aus Ihrer Hand nimmt. Es wird nicht lange dauern und Ihr Hund hat die Bedeutung verstanden.

Bedenken Sie, dass Sie mit einem Welpen aufgrund seiner kurzen Konzentrationsspanne zu Beginn nicht länger als fünf Minuten mehrmals täglich üben sollten und immer nur dann, wenn Sie geduldig und gut gelaunt sind. Hatten Sie einen stressigen Tag mit Ärger, könnte sich diese Emotion sonst ins Training einschleichen.

Beenden Sie jedes Training immer mit einem Erfolgserlebnis für den Vierbeiner. Das kann ein Hundespiel sein, dass er schon gut ausführt, sodass ihm eine Belohnung in Form von Leckerlis, Kuscheln oder Spielzeug sicher ist. Brutale Maßnahmen wie Schläge, Zwang oder andere Strafen sind ebenso wie Kontrollketten und Würgehalsbänder nicht akzeptabel. Liebevolle Zuwendung, eine klare Kommunikation, konsequentes Einhalten Ihrer Regeln und Belohnungen sind eine weitaus bessere Voraussetzung für das Erlernen der Grundkommandos und Gehorsamsübungen und sorgen vor allem dafür, dass das Band zwischen Ihnen und ihrem Hund gefestigt wird und Sie gemeinsam Spaß haben.

Das Clicker-Training ist dabei eine große Erleichterung. Diese Kommandos umfassen „Sitz“, „Platz“, „Komm“, „Bleib“, „Nein“, „Lass“ und „Runter“. Mit einem gut erzogenen Hund zu leben, erspart Ihnen viel Stress und bedeutet Sicherheit für Ihren treuen Weggefährten.

Das Grundkommando „Sitz“

Eine der ersten wichtigen Übungen, die Sie Ihrem Hund beibringen sollten, ist das Kommando „Sitz“. Zeigen Sie ihm ein Leckerli. Wenn er interessiert mit dem Kopf folgt, um an den Leckerbissen zu kommen, halten Sie es über seinen Kopf und sobald er hochschaut, bewegen Sie es so hinter seine Nase, dass er den Kopf nach rückwärts beugen muss. Nun muss er sich zwangsläufig mit dem Hinterteil auf den Fußboden setzen, wenn er das Leckerli erreichen will. Sobald er das tut, clicken Sie und loben ihn überschwänglich, während er seine Belohnung erhält. Es wird nicht lange dauern und Ihr Hund hat begriffen, dass „Hinterteil am Boden“ mit Belohnung gleichzusetzen ist. Wenn er diesen Zusammenhang verinnerlicht hat, können sie das Kommando „Sitz“ einführen, sobald er diese Position einnimmt und Ihr Hund wird schnell verstehen, was Sie von ihm wollen, wenn Sie es verwenden.

Das Grundkommando „Platz“

Mit dem Grundkommandos „Platz“ wollen Sie erreichen, dass Ihr Hund sich hinlegt. Verbergen Sie ein Leckerli in der Hand, lassen aber ein Stückchen hervorschauen. Zeigen Sie ihm das Stück und berühren Sie mit der Hand den Boden. Er wird versuchen, Ihnen das Leckerli abzujagen. Ist er dabei erfolglos, wird er sich hinlegen. Sobald er das tut, clicken Sie und geben ihm seine Belohnung. Er wird nicht lange brauchen und hat den Zusammenhang zwischen der Position und der Belohnung verstanden. Nun führen Sie das Kommando „Platz“ ein, wenn der Hund liegt und nach kurzer Zeit wird er sich auch ohne Leckerli auf Kommando hinlegen.

Das Grundkommando „Komm“

Für dieses Kommandos brauchen Sie etwas mehr Zeit und Geduld. Ein Welpe sollte es so früh wie möglich lernen, weil ein jüngerer Welpe seinem Menschen noch automatisch folgt. Diese Übung sollten Sie zu zweit trainieren. Ihr Hund sitzt neben Ihrem Assistenten, während Sie etwas weiter entfernt sitzen. Nun rufen sie freudig den Namen Ihres Hundes, breiten die Arme aus und rufen „Komm". Ein Spielzeug oder ein Leckerli kann unterstützend wirken. Kommt das Hündchen, clicken Sie und loben es ausgiebig. Wiederholen sie diese Übung und erhöhen Sie den Schwierigkeitsgrad, indem Sie aus einem anderen Raum nach ihm rufen oder das Training im Garten stattfinden lassen. Sorgen Sie für Ablenkungen. Später üben Sie in einem freien Gelände, vorsichtshalber mit Schleppleine.

Sollte das Hündchen Ihr Kommando ignorieren und weglaufen, drehen Sie sich um und entfernen sich in die entgegengesetzte Richtung, an der Schleppleine ist der Hund sicher. Laufen Sie ihm nicht hinterher. Verwirrt wird Ihr Welpe zurückkommen und Sie in Zukunft im Auge behalten. Seien Sie geduldig, schimpfen wäre die falsche Reaktion. Stattdessen sorgen Sie immer für eine Belohnung, wenn der Rückruf klappt.

Das Grundkommando „Bleib"

Für dieses nicht ganz so einfache Grundkommando müssen Sie mehrere kürzere Trainingssitzungen einplanen. Welpen bleiben nur ungern sitzen, wenn sich sein Mensch entfernt. Sagen Sie „Platz", setzen Sie sich vor Ihr Hündchen, strecken ihm die Handinnenflächen entgegen und sagen „Bleib". Wenn es ein paar Sekunden lang in dieser Position verharrt, clicken Sie zur Bestätigung. Wiederholen Sie diese Einheit, bis dieser Teil sitzt. Erweitern Sie die Lerneinheit, indem Sie einen Schritt zurück machen und wie vorher vorgehen. Mit der Zeit erhöhen sie den Abstand und die Dauer. Loben Sie Ihr Hündchen jedes Mal überschwänglich, wenn es sitzen bleibt. Am Ende sollte Ihr Hund dieses Grundkommando sowohl in der Sitz- als auch in der Stehposition ausführen.

Das Grundkommando „Nein"

Um das Grundkommandos „Nein" zu erlernen, benötigen Sie nicht den Clicker, sondern Schellen, die speziell für die Hundeerziehung verwendet werden. Das Geräusch, das Sie mithilfe von fünf Metallscheiben an einem Schlüsselbund erzeugen können, mag Ihr Hund überhaupt nicht. Wie bei der Einführung des Clickers gewöhnen Sie Ihren Welpen zunächst an die Schellen, allerdings immer dann, wenn er unerwünschtes Verhalten an den Tag legt. Das Geräusch soll dafür sorgen, dass er das Verhalten sofort beendet.

Legen Sie ein Leckerli auf den Boden, lassen die Schellen ertönen, sobald er es fressen will und nehmen gleichzeitig das Leckerli auf. Nach mehreren Wiederholungen hat der Hund begriffen, dass der unangenehme Schellenklang kein Leckerli mit sich bringt. Üben Sie zwischendurch immer wieder Spiele, die mit einer Belohnung daherkommen, um Frustrationen zu vermeiden. Nach einer gewissen Übungszeit führen sie das Grundkommando „Nein" ein, sobald die Schellen ertönen. Nach einiger Zeit wird der Hund das unerwünschte Verhalten auch ohne das Schellengeräusch abbrechen, wenn Sie „Nein" sagen.

Das Grundkommando „Lass"

Für das Erlernen des Grundkommandos „Lass" nutzen Sie sowohl Schellen als auch Leckerlies. Letzteres legen Sie gut erreichbar auf den Tisch und sagen „Lass“. Wenn Ihr Hund das Leckerli auch nach einigen Sekunden liegen lässt, geben Sie ihm eine Belohnung, allerdings nicht das Leckerli vom Tisch. Beim Versuch, sich das Leckerli zu holen, kommen die Schellen zum Einsatz. Später erhöhen Sie die Zeitdauer, bevor es die Belohnung gibt.

Das Grundkommando „Runter“

Das Grundkommando „Runter“ erfordert konsequentes Verhalten der ganzen Familie, um zu funktionieren. Sie wenden es beispielsweise an, wenn der Hund sich unerwünscht auf dem Sofa oder einem anderen Möbelstück niederlässt. Stehen Sie auf, sagen Sie „Komm“. Wenn der Hund die Couch verlässt, loben Sie ihn überschwänglich und clicken. Geben Sie ihm das Grundkommando „Sitz“ oder „Platz“. Bleibt er auf dem Sofa sitzen, schieben mit der Hand hinunter und sagen „Runter“.

Wenn Ihr Hund die Grundkommandos und die Übungen zur Impulskontrolle und zum Gehorsamstraining verinnerlicht hat, ist er gut vorbereitet, den Gefahren, die draußen auf einen untrainierten Hund lauern können, erfolgreich zu trotzen. Die nachfolgenden Spiele sind für drinnen und draußen geeignet.

24. Einen Diener machen

Um dieses Spiel zu lernen, muss Ihr Hund stehen. Es gibt zwei Möglichkeiten, es zu trainieren. Wenn Sie es dem Zufall überlassen wollen, warten Sie darauf, dass sich Ihr Vierbeiner streckt oder während eines anderen Spiels automatisch in die entsprechende Pose begibt. Sagen

Sie „Diener“ und geben sofort ein Clicker-Signal. Wiederholen Sie diese Übung mehrmals, bis Ihr Hund verstanden hat, was Sie von ihm erwarten. Wie alle Tricks, die einen natürlichen Bewegungsablauf zur Basis haben, ist auch in diesem Fall ein schneller Lernerfolg zu erwarten.

Variante: Für die zweite Möglichkeit muss Ihr Hund stehen und das Kommando „Platz“ kennen. Stützen Sie ihn mit Ihrem Arm unter dem Bauch und kommandieren „Platz“. Wenn seine Vorderbeine auf dem Boden liegen, sagen Sie „Diener“ und clicken, bevor er sich aus der Pose erhebt. Auch bei dieser Vorgehensweise müssen Sie die Übung mehrfach wiederholen. Stützen Sie Ihren Hund im Verlauf immer weniger, bis er auf Kommando von alleine den Diener macht. Vergessen Sie nicht die Belohnung!

25. Männchen machen

Dieses Spiel sollten Sie vorsichtshalber vor einer Wand trainieren, damit Ihr Hund nicht nach hinten wegkippen kann. Das kann vor allem bei Hunden mit Gleichgewichtsproblemen passieren. Beginnen Sie mit dem Kommando „Sitz“. Lassen Sie den Hund an einem Leckerli schnuppern und halten es dann höher, sodass er mit den Vorderbeinen hochkommen muss, um es zu erreichen. Sagen Sie jetzt „Männchen machen“. Sie können ihn mithilfe Ihres Arms stützen. Halten Sie mit leichter Hand sein Hinterteil unten, falls er zu unruhig ist. Sobald er sein Gleichgewicht halten kann, gibt es das Leckerli und/oder ein Clicker-Signal.

26. Schäm' dich

Legen Sie dem Hund ein weiches Haargummi um die Nase und warten Sie, bis er die Pfote an die Nase legt, um es zu entfernen. Sagen Sie „Schäm dich“ mit Clicker-Signal und/oder Leckerli. Wiederholen, bis er auch ohne Haargummi auf Ihr Kommando die Pfote an die Nase legt. Belohnen.

27. Kopf auf den Boden legen

Diesen Trick wird Ihr Hund schnell lernen. Legen Sie ein Leckerli vor ihn auf den Boden und legen Ihre Hand darüber. Sobald er bettelnd den Kopf ablegt, sagen Sie „Hinlegen“, clickern und geben sein Leckerli frei. Wiederholen, bis es auch ohne Leckerli auf Kommando klappt. Belohnen trotzdem nicht vergessen.

28. Aus dem Stand hochspringen

Halten Sie ein Spielzeug oder Leckerli so hoch, dass Ihr Hund hochspringen muss. Sagen Sie „Hüpf“ oder ein passendes Kommando, clicken und geben ihm das Leckerli, wenn er es tut. Sie können ihn auch zunächst über Ihren Arm springen lassen, den Sie in der Wiederholung immer weiter weghalten. Irgendwann springt der Hund auf Kommando hoch.

Variante: Sobald Ihr Hund auf Kommando hochspringt, ist er bereit für das Springseil-Spiel. Zunächst stellen Sie sich hinter ihn, sagen

„Hüpf“ und springen gemeinsam mit ihm. Wenn der gemeinsame Sprung sicher klappt, beginnen Sie mit langsamen Umdrehungen des Seils. Allerdings sollten Sie es nicht übertreiben, das Springen belastet die Gelenke Ihres Hundes.

29. Figuren laufen

Um ein Oval oder eine Acht zu laufen, stellen Sie zwei Dosen auf und gehen gemeinsam mit dem Hund in entsprechender Form um diese Gegenstände herum. Wiederholen Sie das ein paarmal und lassen dann den Hund alleine gehen, indem Sie ihn nur mit dem Finger in die gewünschte Richtung führen und das gewählte Kommando sagen, beispielsweise „Acht“ oder „Oval“.

30. Rückwärts und vorwärts einen Gegenstand umrunden

Stellen Sie einen Gegenstand auf den Boden, um den Sie Ihren Hund herumführen. Sagen Sie „Drumherum“ und clicken, wenn er alles richtig macht. Belohnen und wiederholen, bis er es auch alleine auf Kommando macht. Für die Rückwärts-Version müssen Sie ihm zunächst das Rückwärtsgehen beibringen, wie in einer späteren Übung beschrieben.

Hundespiele für drinnen und draußen

Exkurs: Impulskontrolltraining als Gedulds- und Gehorsamkeitstraining

Bevor ich zu den Spielen übergehe, die für drinnen und draußen gleichermaßen geeignet sind, will ich kurz auf das wichtige Thema Impulskontrolle und Gehorsamstraining eingehen und einige Übungen dazu vorstellen. Gerade wenn Sie mit Ihrem Hund draußen sind, ist es zu seiner eigenen Sicherheit wichtig, gewisse Regeln zu einzuhalten. Der Hund soll lernen, nicht sofort los- und auf die Straße zu rennen, sobald Sie die Tür öffnen.

Vor allem für sehr ungeduldige Hunde ist ein solches Training wichtig, Hunde, die rund um die Uhr auf Aufmerksamkeit aus sind, beim Gassi gehen an der Leine zerren und immer darauf aus sind, genau das zu tun, was sie wollen und wann sie es wollen. Ein solches Verhalten ist hundespezifisch, Hunde sind nicht gerade mit emotionaler Selbstkontrolle gesegnet.

Ein Training zur Impulskontrolle kann sehr positive Auswirkungen auf Ihren Hund haben. Am besten ist es, mit diesem Training bereits beim Welpen zu beginnen. Ein erwachsener Hund wird sich seine schlechten Angewohnheiten nur mit Mühe wieder abtrainieren lassen. Das ist wie bei uns Menschen. Auch wir hängen an unseren Gewohnheiten.

Ihr Hund sollte grundsätzlich wissen, dass alle seine Belohnungen aus Ihrer Hand kommen, egal, ob es sich um ein Leckerli, Spielzeug oder gemeinsames Tauziehen oder ein Frisbee-Spiel im Park handelt und dass er sich diese Belohnungen aufgrund von Wohlverhalten seinerseits verdient. Wenn er Ihnen gibt, was Sie sich von ihm wünschen, erhält er das, was er sich wünscht. Eine klassische „Win-win"-Situation. Um Ihrem Hund dieses Verhalten zu ermöglichen, ist es an Ihnen, ihm zu zeigen, was genau Sie von ihm erwarten und konsequent darauf zu bestehen, dass er Ihre Regeln einhält. Es ist ganz egal, ob es sich um eine einfache oder eine komplizierte Übung handelt, er muss wissen, wie er sich seine Belohnungen verdienen kann.

Auch für die Arbeit an der Impulskontrolle sind am besten Spiele mit festgelegten Regeln geeignet, ganz einfach, weil Hunde es lieben, zu spielen. Gleichzeitig lernt Ihr Hund die Vorteile der Geduld kennen. Ist er geduldig, wird er belohnt. Geht es beispielsweise um Futterspiele, lernt er, dass sein Futternapf gefüllt wird, wenn er den Spielregeln folgt.

31. Gehorsamkeitsübung vor dem Füttern

Halten Sie den Futternapf so hoch, dass Ihr Hund ihn nicht erreichen kann. Sagen Sie „Sitz" und warten Sie, bis Ihr Hund in Position sitzt. Beginnen Sie, den Futternapf niedriger zu halten, sobald Ihr Hund sitzt. Erhebt er sein Hinterteil vom Boden, heben Sie die Schüssel wieder an. Warten Sie, bis er wieder in Sitzposition ist oder geben Sie ihm erneut das Kommando „Sitz".

Dieses Spiel, das Absenken und Anheben der Schüssel, je nach Position des Hundehinterteils führen Sie solange weiter, bis Ihr Hund begreift, dass die Position seines Hinterteils für die Position der Futterschüssel verantwortlich ist. Je dichter am Boden es sich befindet, desto näher kommt die Schüssel mit dem Futter und die Schüssel verschwindet in unerreichbare Höhen, wenn sich der Hintern vom Boden erhebt. Erst wenn Ihr Hund sitzen bleibt, bis die Futterschüssel vor ihm steht, erlauben Sie ihm mit dem entsprechenden Kommando, zu fressen.

32. Geduldsübung

Geben Sie Ihrem Hund das Kommando „Platz“ und verteilen das Futter um ihn herum. Oder Sie sagen „Sitz“ und lassen ein paar Stücke Trockenfutter über den Boden rollen. Er darf erst fressen, wenn Sie ihm das Kommando dazu geben. Sie können auch seinen Futternapf hinstellen, aber bevor er aus dem „Sitz“ hochkommen und fressen darf, muss er ein Stück „bei Fuß“ mit Ihnen gehen oder „Pfötchen geben“, wenn er diesen Trick schon kann.

33. Erst fressen, wenn erlaubt

Sie können ihm auch das Kommando „Platz“ oder „Sitz“ geben und ihm seinen gefüllten Futternapf einfach so vor die Nase stellen. Wenn er versucht, zu fressen, sagen Sie „Nein“. Das wiederholen Sie einige Male. Fressen darf er erst, wenn Sie es ihm erlauben. Dieses Spiel ist gleichzeitig eine wirksame Gehorsamsübung und Sie werden es nicht glauben, aber es kann beiden Spaß machen, Ihnen und Ihrem Hund.

34. Keks-Balanceübung

Versuchen Sie doch einmal, ihm einen Hundekeks auf die Nase zu legen. Auch hier sagen Sie wieder „Sitz“ oder „Platz“, zeigen ihm den Keks, sagen „Nein“ und legen ihn ihm auf die Nase. Er darf sich nicht bewegen und ihn erst fressen, wenn Sie ihm das Kommando, welches auch immer Sie dafür haben, zum Fressen geben.

35. Belohnung ignorieren

Dieses Spiel bringt Ihrem Hund bei, dass er sich mit dem Ignorieren einer potentiellen Belohnung genau das verdienen kann, was er sich gerade wünscht. Er muss sich nur so verhalten, wie Sie es ihn lehren.

Umfassen Sie ein Leckerli mit Ihrer Faust und halten sie ihm diese vor die Nase. Lassen Sie Ihn daran schnüffeln, so viel er mag. Wenn er sich zurückzieht, erhält Ihr Hund ein Leckerli aus Ihrer anderen Hand.

Wenn Ihr Hund soweit ist, dass er Ihre Faust ignorieren kann, zeigen Sie ihm, was Sie in der geöffneten Hand haben. Sobald er das Leckerli gesehen hat, nähern Sie sich, aber wieder mit geschlossener Faust. Zieht er sich zurück, öffnen Sie die Faust wieder. Ignoriert Ihr Hund die geöffnete Hand mit dem Leckerli, bekommt er wieder eine Belohnung aus der anderen Hand.

Nun legen Sie das Leckerli auf den Boden und bedecken es mit Ihrer Hand oder Ihrem Fuß. Belohnen Sie Ihren Hund wieder mit einem Leckerbissen, sobald er sich zurückzieht.

Wenn Ihr Hund dieses Training erfolgreich hinter sich gebracht hat, gibt es noch einen weiteren Vorteil, bei dem es um die Sicherheit des Hundes geht. Es wird ihn daran hindern, gefährliche Dinge zu fressen.

36. Beruhigen und Entspannen auf Kommando

Aktivitäten wie Tauziehen, das Hinterherjagen hinter einer Flirtstange oder auch ein Ringspiel mit Ihrem Hund sind hervorragend dazu geeignet, Ihrem Hund beizubringen, sich mitten im aufgeregten Spiel auf Kommando niederzulassen und sich zu beruhigen.

So sehen die Spielregeln aus:

Beginnen Sie mit einem Spiel, bei dem sich Ihr Hund nicht zu sehr aufregt, bevor Sie ihm das Kommando „Sitz" geben. Dieses Kommando geben Sie ihm mitten im Spiel und hören selber auch auf zu spielen. Sobald er sich setzt, belohnen Sie ihn sofort mit einer neuen Spielrunde.

Wenn Ihr Hund sich mitten im Spiel von alleine hinsetzt oder hinlegt, können Sie zur Belohnung die Intensität des Spiels langsam erhöhen und dann eine Pause einlegen.

Entscheiden Sie sich bei diesem Training für die Spiele, die am besten zur Persönlichkeit Ihres Hundes passen. Sie werden erstaunt feststellen, dass es nicht lange dauert, bis er in der Lage ist, seine Impulse zu kontrollieren. Sie dürfen aber nicht vergessen, ruhiges Verhalten zu belohnen, wenn es Ihnen auffällt. Zeigt Ihr Hund Zurückhaltung, geben Sie ihm einen Leckerbissen, streicheln Sie ihn und geben ihm ein freundliches Wort. So lernt er, dass es sich lohnt, seine Emotionen im Griff zu haben.

37. Warten an der Haustür

Wenn Sie Ihrem Hund beibringen möchten, an einer Tür zu warten, sei es an der Haustür, der Garagentür, der Autotür oder wo auch immer, bis Sie ihm die Erlaubnis geben loszugehen, sollten Sie der Einfachheit halber und auch aus Sicherheitsgründen mit dem Training im Haus beginnen.

Warten Sie, bis sich Ihr Hund völlig beruhigt hat, dann öffnen Sie die Tür einen Spalt breit. Bewegt sich Ihr Hund in Richtung Tür, schließen Sie sie wieder.

Diesen Ablauf wiederholen Sie, bis sich Ihr Hund zurückzieht oder ruhig abwartet. Nun können Sie die Tür ein wenig weiter öffnen und wieder schließen, sobald der Hund sich ihr nähert.

Wenn Sie die Tür vollständig öffnen können, geben Sie Ihrem Hund mit einem entsprechenden Kommando die Erlaubnis, hindurchzugehen.

Diese Übung können Sie nun an jeder Tür wiederholen, bis Ihr Hund sie vollständig verinnerlicht hat.

38. Rufen und Kommen

Für dieses interaktive Spiel brauchen Sie einen weiteren Mitspieler. Solche Spiele sind sehr unterhaltsam für Ihren Hund. Setzen Sie sich in einigem Abstand voneinander auf den Boden. Jeder von Ihnen hat ein Hundespielzeug oder eine Leckerei dabei. Rufen Sie den Hund immer abwechselnd und belohnen Sie ihn, wenn er kommt. Stellen Sie sicher, dass er jedes Mal, wenn er auf Zuruf zu Ihnen oder Ihrem Spielpartner kommt, Lob und Belohnung zur positiven Verstärkung erhält. So bringen Sie Ihrem Hund auf unterhaltsame Weise bei, zuverlässig auf Ihren Rückruf zu reagieren und zu gehorchen.

39. Bellen auf Kommando

Üben Sie am besten draußen im Garten oder im Park, und zwar erst dann, wenn Ihr Hund bereits gelernt hat, in der Wohnung nicht zu bellen. Warten Sie, bis Ihr Hund bellt, vielleicht, weil Sie ihm ein Leckerli oder sein Spielzeug hinhalten und er es gerne hätte. Nutzen Sie diese Gelegenheit, das Kommando „Gib Laut" einzuführen und wiederholen Sie es mehrfach. Nun folgt die Belohnung, er darf das Leckerli fressen oder das Spielzeug nehmen. Im weiteren Übungsverlauf arbeiten Sie zunehmend ohne Leckerli und Spielzeug weiter, bis der Hund auch auf Kommando Laut gibt. Seine Belohnung kann ausgiebiges Loben und Streicheln oder ein gemeinsames Fangspiel sein.

Wenn Sie einen Clicker nutzen, können Sie den Lernprozess beschleunigen, indem Sie clicken und den Hund belohnen, sobald er bellt.

40. Ruhe auf Kommando

Um zu trainieren, dass Ihr Hund auf Kommando das Bellen wiedereinstellt, können Sie ihm anfangs, bis er verstanden hat, was Sie erwarten, sanft die Schnauze zuhalten und das Kommando „Ruhig“ aussprechen. Sobald er aufhört zu bellen, belohnen Sie ihn.

41. Sieh mich an

Geben Sie Ihrem Hund das Kommando „Steh“, „Sitz“ oder „Platz“. Halten Sie ein Leckerli in der Hand und warten Sie, bis der Hund nicht Ihre Hand, sondern Sie ansieht. Sobald er das ganz bewusst tut, belohnen Sie ihn mit dem Leckerli. Sie können es auch mit seinem Lieblingsspielzeug versuchen, das Sie halten oder in die Luft werfen.

Es kann sein, dass er zunächst auf andere Weise versucht, an den Leckerbissen oder das Spielzeug zu kommen. Egal, ob er an Ihnen hochspringt, bellt oder andere Tricks anwendet, er bekommt es erst, wenn er Ihnen in die Augen sieht. Lassen Sie ihn aber ruhig ausprobieren, ob es eine andere Lösung gibt, das macht das gemeinsame Spiel und Lernen interessanter und kann für Sie beide Spaß bringen.

Sollte er es allerdings übertreiben, bringen Sie ihn ohne zu schimpfen ganz ruhig zurück in seine Ausgangsposition. Ihr Hund lernt so, dass Sie derjenige sind, von dem die Belohnung ausgeht und dass es auf sein Verhalten ankommt, wie lange er darauf warten muss. Er lernt auch, dass ihn Bellen und Anrempeln nicht weiterbringt, er aber das Leckerli, Lob und Anerkennung bekommt, wenn er kooperiert.

42. Halten der Position auch bei Ablenkungen

Für dieses Spiel brauchen Sie eine zweite Person, die den Hund ablenkt. Der Hund muss die Grundkommandos wie „Sitz“, „Platz“, „Steh“ und „Bei Fuß“ bereits gelernt haben und ihnen verlässlich folgen. Das gilt auch für die Spiele 43 Und 44. Falls er noch nicht so weit ist, sollten Sie zunächst diese Grundkommandos mit ihm trainieren. Wie Sie dabei vorgehen, zeigen Ihnen die Übungen im nächsten Abschnitt zum Clicker-Training.

Es kann sinnvoll sein, den Hund sicherheitshalber an eine lange Leine zu legen, die Sie in der Hand halten oder anderweitig befestigt haben. Am besten benutzen Sie ein Geschirr, kein Halsband, das ist im Ernstfall schonender für die Wirbelsäule. So besteht keine Gefahr, wenn der Hund sich nicht beherrschen kann und einfach losrennt.

Der Spielablauf: Geben Sie Ihrem Hund eins der obigen Kommandos. Nun muss ihn die zweite Person ablenken, entweder mit einem geworfenen Spielzeug oder Leckerli. Er kann auch einfach an ihm vorbeirennen, mit oder ohne den liebsten Hundespezi an der Leine. Seien Sie kreativ. Wenn Ihr Hund trotz der Ablenkung auf seiner Position bleibt, bekommt er eine besondere Belohnung, entweder ein rares Lieblings-Leckerli oder eine Überraschung, beispielsweise einen nagelneuen Ball.

Ihr Hund übt bei diesem Spiel nicht nur, sich zu beherrschen, anstatt seinem Impuls zum Hinterherrennen zu folgen, sondern es ist auch eine Gehorsamsübung, bei der er lernt, sitzenzubleiben, wenn sein Mensch ihm das Kommando gibt – und dass er belohnt wird, wenn er kooperiert.

43. Die Erlaubnis abwarten

Bei diesem Spiel sollten Sie Ihren Hund sicherheitshalber anleinen. Für Welpen und junge Hunde ist es eher nicht geeignet. Ihr Hund befindet sich auf Ihr Kommando in einer der Grundpositionen. Gehen Sie einige Schritte weit und schaffen Sie eine Ablenkung wie bei Übung 42. Bleibt er in seiner Position, gehen Sie zu ihm zurück, loben und belohnen ihn. Nun geben Sie ihm die Erlaubnis, die Position aufzulösen. Er darf mit seinem Hundespezi spielen oder sich das Spielzeug holen. Wenn diese Übung gut klappt, können Sie sich auch so weit entfernen, dass Ihr Hund Sie nicht mehr sieht. Trotzdem muss er in der Position bleiben, bis Sie ihm das Auflösungskommando geben.

Auch dieses Spiel gilt dem Erlernen von Selbstkontrolle und Gehorsam.

44. Impulskontrolle über Futterspiele in Verbindung mit den Grundkommandos

Futterspiele sind eine gute Gelegenheit, die Grundkommandos zu üben und dabei zwei Fliegen mit einer Klappe zu schlagen. Ihr Hund wird die Kommandos mithilfe des Trainings immer schneller ausführen und gleichzeitig lernen, seine Impulse immer besser zu kontrollieren.

Sagen Sie Ihrem Hund „Sitz“ und werfen ein Leckerli oder ein Futterstück. Wenn er es erreicht hat und Sie ansieht, geben Sie ihm das Kommando „Steh“ oder „Platz“. Nimmt er die Position ein, darf er sich auf Ihr Auflösungskommando hin bedienen.

Sie können mit diesem Spiel auch das Kommando „Bleib“ üben. Werfen Sie das Futter, sagen „Bleib“ und der Hund darf erst losrennen, wenn Sie es ihm erlauben.

Als weitere Variante können Sie einführen, dass Sie das Auflösungskommando erst geben, wenn Ihr Hund Sie ansieht. Damit erschweren Sie ihm die Suche, weil er seine Augen vom Futter abwenden muss, um Sie anzusehen.

Einfache Spiele für zwischendurch

45. Leckerlis fischen

Dieses Spiel eignet sich hervorragend für warme Sommertage. Füllen Sie eine flache Schüssel mit Wasser und lassen Sie schwimmfähige Leckerlis hineinfallen. Ihr Hund wird das Futter zusammen mit etwas Wasser herausfischen, sodass gleichzeitig für genügend Flüssigkeitszufuhr gesorgt ist.

46. Nach dem Futter tauchen

Auch dieses Spiel eignet sich gut für die heiße Jahreszeit. Füllen Sie eine Schüssel zur Hälfte mit Wasser und lassen einige Leckerlis hineinsinken. Um sie aufzunehmen, muss Ihr Hund den Kopf eintauchen, um das Futter herauszuholen. Wie bei der Vorübung ist auch hier ein Vorteil, dass er dabei ebenfalls Wasser aufnehmen wird.

47. Blubberblasen machen

Für dies Spiel füllen Sie ein Leckerli in eine leere Schüssel. Ihr Hund wird natürlich sofort seine Nase hineinstecken. Geben Sie ihm schnell ein anderes Leckerli, oder, falls er schneller ist als Sie, legen Sie ein neues hinein, mir etwas Wasser. Wieder geben Sie ihm ein Leckerli aus der Hand oder legen ein neues in die Schüssel, und geben so viel Wasser hinein, dass es bedeckt ist. Wiederholen Sie den Verlauf, bis Ihr Hund seine Nase ins Wasser tauchen muss, um sich das Leckerli zu schnappen. Während der ganzen Prozedur wird Ihr Hund irgendwann zufällig ausatmen. Jetzt müssen Sie ihn überschwänglich loben und belohnen. Wiederholen Sie diesen Ablauf so lange, bis Ihr Hund begriffen hat, was Sie von ihm erwarten und führen ein entsprechendes Kommando ein, beispielsweise „Blubbern“. Später wird er auch ohne Leckerli in der Schüssel auf Kommando Blubberblasen produzieren.

48. Seifenblasen jagen

Viele Hunde lieben es, hinter Seifenblasen herzujagen und zu versuchen, sie zu fangen.

Zwar gibt es in Zoofachgeschäften Spielzeug für Haustier-Seifenblasen, doch Sie können auch die als Kinderspielzeug erhältlichen, ungiftigen Seifenblasenbehälter verwenden. Für dieses Spiel brauchen Sie nur genügend Seifenblasen zu produzieren und Ihr Hund wird für einige Minuten sehr glücklich sein.

49. Luftballon-Spiel

Dieses Spiel ist nichts für schreckhafte Hunde. Andere Vierbeiner lieben das Spiel mit dem Luftballon, der sich leichter und langsamer bewegt als ein Ball. Wenn er zum ersten Mal platzt, sollten Sie Begeisterung und Freude zeigen, um dem Hund zu vermitteln, dass der Knall keine Bedrohung ist und danach sofort weiterspielen. Hat er sich erst einmal daran gewöhnt, wird er versuchen, ihn so schnell wie möglich platzen zu lassen oder ihn so in Bewegung zu halten, dass er den Boden nicht berührt.

50. Pfötchen geben

Sagen Sie „Sitz“, nehmen Sie eine Pfote Ihres Hundes in die Hand und sagen „Gib Pfötchen“. Nach einigen Wiederholungen brauchen Sie nur noch das gewünschte Bein anzutippen und das Kommando zu sagen. Später wird er Ihnen auch ohne Antippen auf Kommando seine Pfote hinhalten. Dieses Spiel unterstützt die Konzentrationsfähigkeit Ihres Hundes.

Variante: Sobald Ihr Hund die vorige Übung beherrscht, üben Sie mit der anderen Pfote. Geben Sie beiden Pfoten einen Namen, links, rechts, Pfote und Pfötchen, egal. Tippen Sie das jeweilige Bein an, wenn Sie den Namen sagen. Wenn er auch mit der anderen Pfote reagiert, können sie zwischen den beiden Bezeichnungen wechseln, sodass er Ihnen abwechselnd seine Pfoten hinhält.

51. Give me Five

Hat Ihr Hund das Pfötchengeben verinnerlicht, können sie diese Variante seiner Trickkiste hinzufügen. Halten Sie Ihre Hand mit einem Leckerli senkrecht vor die Hundenase. Sobald er seine Pfote hebt, um an das Leckerli zu kommen, sagen Sie laut „Give me five“, verbunden mit überschwänglichem Lob und geben ihm das Leckerli. Loben Sie jede Kleinigkeit, bis Ihr Hund gelernt hat, was Sie von ihm erwarten. Variante: Hat Ihr Hund „High Five“ gelernt, ist der nächste Schritt das „High Ten“. Dafür halten Sie ihm beide Hände mit jeweils einem Leckerli hin, loben ihn überschwänglich, sobald er einen richtigen Ansatz macht und sagen Sie „High Ten“. Natürlich bekommt er auch das Leckerli. Wiederholen, bis er das Spiel verinnerlicht hat.

52. Hinterpfote geben

Gehen Sie genauso vor wie bei den Vorderpfoten, wobei es bei den Hinterbeinen mehr Geduld erfordert.

53. Pfötchen auf Ihre Füße legen

Hat Ihr Hund gelernt, sicher Pfötchen zu geben, stellen Sie sich vor ihn hin stupsen ihn mit den Zehen an, wobei Sie „Pfötchen“ sagen. Er wird schließlich seine Pfote auf ihren Fuß legen. Üben Sie so lange, bis er es verstanden hat und es keinen Stupser mehr braucht.

54. Mit der Pfote einen Gegenstand berühren

Nehmen Sie irgendeinen Gegenstand in die Hand und lassen Ihren Hund Pfötchen geben. Sobald die Pfote den Gegenstand berührt, sagen Sie „Anfassen“. Wiederholen Sie die Übung, später sagen Sie nur noch „Anfassen“. Als nächsten Schritt legen Sie den Gegenstand auf den Boden und geben das Kommando. Versteht Ihr Hund nicht sofort, was er tun soll, halten Sie Ihre Hand zur Unterstützung in die Nähe des Gegenstandes. Üben Sie so lange, bis Ihr Hund seine Pfote auf das Kommando „Anfassen“ auf jeden Gegenstand legt, den Sie ihm hinlegen.

55. Pfoten über Kreuz legen

Lassen Sie Ihren Hund aus der Position „Platz“ das Pfötchen geben. Legen sie es über seine andere Pfote und sagen Sie „kreuzen“. Helfen Sie immer weniger, bis er von selbst die Pfote über Kreuz legt. Beginnen Sie mit der anderen Pfote erst, wenn er die Übung sicher beherrscht. Auch hier wieder mit „kreuzen links“ und „kreuzen rechts“ arbeiten, oder was Ihnen sinnvoll erscheint.

56. Rolle machen

Ihr Hund ist in der Position „Platz“. Halten Sie ihm ein Leckerli in Bauchhöhe hin. Sobald er mit der Nase folgt, bewegen Sie Ihre Hand über seine Seite zum Rücken. Er wird sich wie die meisten Hunde automatisch herumrollen. Clicken und Belohnen. Falls er das nicht von alleine tut, können Sie ihm durch leichtes Drücken Hilfestellung geben, dürfen ihn aber nicht zwingen, wenn er ängstlich reagiert. Seien Sie geduldig. Sie können auch abwarten, bis er sich einmal von selbst über den Rücken herumrollt und dann sofort clicken, belohnen und das Kommando „Rolle“ einführen. Diese Übung unterstützt die Körperwahrnehmung Ihres Vierbeiners.

57. Krabbeln

Für einen großen Hund brauchen Sie zum Trainieren einen niedrigen Tisch oder Hocker. Spielen Sie mit einem kleinen Hund, setzen Sie sich mit ausgestreckten Beinen so auf den Boden, dass er so gerade eben hinunter durch krabbeln kann. Locken Sie ihn mithilfe eines Leckerlis oder Spielzeugs unter Ihren Beinen durch. Clicken und Belohnen nicht vergessen. Führen Sie das Kommando „Krabbeln“ ein. Geben Sie ihm bei jedem Durchgang mehr Zwischenraum und üben Sie so lange, bis Sie die Beine wegnehmen können und er trotzdem auf Kommando krabbelt.

58. Winken

Wie beim „Pfötchen geben“ sitzt Ihr Hund vor Ihnen. Halten Sie ihm anfangs Ihre Handfläche hin und ziehen sie zurück, wenn er seine Pfote geben will. Gehen Sie mit der Hand wieder vor und wiederholen das Spiel, bis er mit der Pfote in der Luft herumwedelt. Sofort clicken, „Winken“ einführen und belohnen. Im Verlauf der Übungseinheiten können Sie Ihre eigene Handbewegung ein Winken umwandeln.

59. Zudecken

Hierfür muss Ihr Hund die Kommandos „Nimm“ und „Rolle“ kennen und die Übungen beherrschen. Lassen Sie Ihren Hund für dieses beliebte Hundespiel ziemlich am Rand einer Decke „Platz“ machen. Halten Sie die Ecke hin, die dicht vor seiner Nase liegt und sagen „Nimm“. Wiederholen Sie diesen Teil, bis er die Ecke auf Kommando von alleine nimmt. Sagen Sie „Rolle“, wenn er die Ecke noch im Maul hat und er wird sich in die Decke einrollen. Nun clicken Sie, führen das Kommando „Zudecken“ ein und belohnen Ihren Hund.

60. Verreisen

Legen Sie die Hundedecke in einen geöffneten Koffer und lassen Ihren Hund auf der Decke „Platz“ nehmen. Clicken und „Verreisen“ sagen. Clicken und Belohnen nicht vergessen. Schließen Sie den Deckel bei jedem Übungsdurchgang ein Stück weiter, bis Ihr Hund auch in den Koffer klettert, wenn der Deckel aufliegt.

61. Trinkspiel

Zeigen Sie Ihrem Hund einen Kunststoffbecher und sagen „Nimm“. Führen Sie mit einem Leckerli seinen Kopf nach oben und sagen Sie „Trinken“. Clicken und Belohnen. Wiederholen, bis er direkt auf dieses Kommando reagiert.

Leichte Bewegungsspiele

62. Durch einen Reifen springen

Sie benötigen einen Hula-Hoop-Reifen oder etwas Ähnliches. Halten Sie den Reifen niedrig am Boden und locken Ihren Hund mithilfe eines Leckerlis hindurch. Dabei sagen Sie „Hopp". Falls er sich anfangs nicht traut, führen Sie ihn mit der Leine durch den Reifen. Klappt das, können Sie langsam die Höhe steigern, bis der Abstand so hoch ist, dass Ihr Hund springen muss, um hindurchzukommen. Sagen Sie immer das Kommando „Hopp", wenn Sie mit ihm dieses Spiel spielen und vergessen Sie die Belohnung nicht. Vermutlich wird Ihr Hund schnell begriffen haben, worum es geht. Um Langeweile zu vermeiden, verändern Sie den Schwierigkeitsgrad. Sie können kleinere oder größere Reifen verwenden, zwei Reifen hintereinander halten oder Ihren Hund durch Ihre Arme springen lassen.

63. Rückwärts gehen

Bewegen Sie Ihre Hand mit einem Leckerli etwas über und hinter den Kopf Ihres Vierbeiners und sagen „zurück", um ihn zum Rückwärtsgehen zu bringen. Setzt er sich stattdessen hin, bewegen Sie Ihre Hand mit dem Leckerli in Brusthöhe rückwärts. Wenn Ihr Hund nicht ängstlich ist, können Sie ihn mit sanftem Druck unterstützen. Sobald er die kleinste Bewegung rückwärts macht, sofort clicken und belohnen. Mit der Zeit werden daraus Rückwärtsschritte. Dieses Spiel ist eine gute Übung für die Koordinationsfähigkeit und Körperwahrnehmung Ihres Hundes.

64. Rückwärts einparken

Wenn Ihr Hund gelernt hat, rückwärtszugehen, stellen Sie sich breitbeinig hinter ihn. Mit der Hand an seiner Nase geben Sie Ihm das Kommando „rückwärts". Belohnen Sie ihn, sobald er zwischen Ihren Beinen steht. Üben, bis er diese Übung nur auf Kommando ohne führende Hand ausführt.

Variante: Führen Sie Ihren Hund mit der Hand und dem Kommando „rückwärts" um Sie herum. Halten Sie die Hand im Übungsverlauf immer höher, bis Ihr Hund die Übung ohne Unterstützung beherrscht.

Variante 2: Wie bei den vorangehenden Varianten führen sie Ihren Hund rückwärts in einer Slalombewegung durch Ihre Beine. Auch hier die Belohnung nicht vergessen.

65. Rückwärts an der Wand hochsteigen

Für dieses Spiel gibt es einen hilfreichen Trick, der dem Hund das Lernen erleichtert. Sie beginnen mit einem Brett, das Sie schräg gegen die Wand legen, und lassen Ihren Hund rückwärts darauf hochsteigen. Im Übungsverlauf lehnen Sie das Brett immer steiler an die Wand, bis es senkrecht steht. Wenn Ihr Hund gelernt hat, mit den Hinterbeinen sicher daran hochzusteigen, können Sie es unbemerkt entfernen. Für diese Übung brauchen Sie etwas Geduld. Sie sollten an verschiedenen Orten trainieren, bis Ihr Hund den Trick überall ausführen kann.

66. Laufen auf zwei Beinen

Dieses Spiel ist nur für ausgewachsene Hunde geeignet. Necken Sie Ihren Hund mit einem Leckerli oder Spielzeug, das Sie über seiner Nase tanzen lassen. Er soll sich auf die Hinterbeine stellen. Tut er das, clicken Sie und belohnen ihn. Bei der Wiederholung führen Sie das Kommando „Hoch“ ein. Sobald er hochkommt, locken Sie ihn an. Üben Sie so lange mit ihm, bis er auf zwei Beinen auf Sie zukommt. Jeden kleinen Fortschritt clicken und belohnen.

67. Komm' in meine Arme

Ihr Hund sollte das Kommando „Hopp“ kennen. Dieses Spiel ist nicht für Welpen geeignet, es belastet die Gelenke. Halten Sie ihrem Hund im Sitzen ein Leckerli entgegen und sagen „Hopp“, um ihn auf Ihren Schoß zu locken. Nach einer Weile stellen Sie den Stuhl weg und üben in der tiefen Hocke. Lassen Sie Ihren Hund immer wieder auf Ihre Oberschenkel springen, immer mit Belohnung, dabei erheben Sie sich jedes Mal ein Stück weiter, bis Sie aufrecht stehen und Ihr Hund schließlich direkt in Ihre Arme springt.

68. Sprung durch Ihre Arme

Zunächst muss Ihr Hund lernen, auf das Kommando „Hopp“ über Ihren Arm zu springen. Strecken Sie ihn anfangs in geringer Höhe aus und lassen den Hund darübersteigen. Steigern Sie die Höhe von Mal zu Mal und lassen ihn erst über den Arm steigen, bis er schließlich springen muss. Sobald er das tut, formen Sie ein C und bringen im Übungsverlauf die Hände immer weiter zusammen, bis sich ein Kreis ergibt. Wie immer das Belohnen nicht vergessen.

69. Sprung auf Ihre Schulter

Für dieses Spiel brauchen Sie einen Assistenten und Ihr Hund sollte einen guten Gleichgewichtssinn haben, damit es nicht zu Stürzen und Vertrauensverlust kommt. Sie hocken sich auf den Boden und animieren Ihren Hund mit „Hopp“ zum Sprung auf Ihren Rücken, wobei die zweite Person zur Sicherheit Hilfestellung geben kann. Beherrscht Ihr Hund diesen Sprung, können Sie sich etwas weiter aufrichten. Auch hier mit Belohnungen nicht geizen.

70. Im Tandem laufen

Für dieses Spiel ist es hilfreich, wenn Ihr Hund bereits gelernt hat, die Pfoten auf Ihre Füße zu legen. Üben Sie zunächst mit ihm, zwischen ihren Beinen zu stehen und belohnen ihn. Es gibt Hunde, die sich in dieser Position nicht wohlfühlen. Warten Sie, bis er sich entspannt. Nun schieben Sie Ihre Füße langsam unter die Hundepfoten und sagen „Komm drauf". Clicken und belohnen. Heben Sie nun einen Fuß nach dem anderen. Lässt der Hund die Pfoten darauf liegen, können Sie langsam schrittweise vorwärtsgehen.

Sprachspiele

71. Pfoten abputzen

Für dieses Spiel ist etwas Geduld angesagt. Legen Sie ein Tuch auf den Boden und ziehen Sie es straff an. Sobald Ihr Hund daran schnüffelt, schieben Sie den Kopf wieder hoch. Sobald er anfängt, mit den Pfoten am Tuch herumzukratzen, clicken Sie und belohnen ihn. Sagen Sie „Abputzen". Üben Sie, bis es auf Kommando funktioniert.

72. Schütteln

Wenn Ihr Hund keine Angst vor Wasser hat, besprühen Sie ihn. Ansonsten berieseln Sie ihn mit ein wenig Sand. Sobald er sich schüttelt, clicken Sie und sagen „Schütteln". Wiederholen Sie diese Übung, bis er sich nicht mehr nur aus Reflex schüttelt, sondern auf Ihr Kommando reagiert.

73. Knurren auf Kommando

Spielen Sie mit Ihrem Hund Tauziehen. Clicken und belohnen Sie ihn, sobald er knurrt und sagen „Knurren“. Wiederholen, bis er auch ohne Zerrspiel auf Kommando knurrt.

74. Kuckuck

Lassen Sie Ihren Hund an Ihrem Arm hochspringen. Halten Sie ein Leckerli unter Ihren Arm und sagen „Kuckuck“. Ihr Hund wird mit dem Kopf unter Ihrem Arm durchtauchen, wobei er sich mit den Pfoten an Ihrem Arm abstützt.

75. Toter Hund

Für dieses Spiel sollte Ihr Hund „Männchen“, „Platz“, und „halbe Rolle“ oder „auf der Seite liegen“ kennen. Aus der Position „Platz“ drehen Sie ihn langsam auf die Seite, dann clicken Sie und belohnen ihn. Wiederholen Sie den Ablauf einige Male und sagen Sie jedes Mal „Peng“, wenn er auf der Seite liegt, immer mit Belohnung. Üben Sie so oft, bis Ihr Hund sich von alleine auf die Seite legt. Nun können sie versuchen, das Spiel aus der „Sitz“-Position zu üben. Eine weitere Variante ist es, ihn auf das Kommando „Hände hoch“ „Männchen“ machen zu lassen und ihn dann mit „Peng“ in die halbe Rolle fallen zu lassen.

Variante: Wenn Ihr Hund das Spiel „toter Hund“ beherrscht, lassen Sie ihn in die Endposition gehen. Sobald er auf der Seite liegt, streichen

Sie mit einem Leckerli in Ihrer Hand von der Nase aus über seinen Bauch. Wenn er dem Leckerli mit der Nase folgt, führen Sie es so, dass er sein Bein heben muss und geben ihm die Belohnung. Clicken Sie und geben ihm zur Verstärkung ein Kommando Ihrer Wahl.

76. Sich im Kreis drehen

Mit einem Leckerli in der Hand bewegen Sie Ihre Hand seitlich an Ihrem Hund vorbei. Er muss sich drehen, wenn er dem Leckerli folgen will. Sobald er das tut, clicken Sie, belohnen ihn und sagen „Drehen“. Diesen Ablauf üben Sie, bis sich Ihr Hund auf Kommando dreht. Dieses Spiel unterstützt die Koordination Ihres Hundes. Aber nicht übertreiben, damit Ihr Hund keinen Drehwurm bekommt.

Suchspiele

77. Wo bin ich?

Lassen Sie Ihren Hund „Sitz“ machen und verstecken sich in einem anderen Raum oder wenn Sie im Freien spielen hinter einem Baum oder Busch. Rufen Sie Ihren Hund mit „Wo bin ich?“. Wenn er Sie gefunden hat, zeigen Sie ihm Ihre Freude und belohnen ihn. Dieses Spiel verstärkt die Bindung zwischen Ihrem und Ihrem Hund.

78. Suchspiel für Spürnasen

Für dieses Spiel sollte Ihr Hund das Kommando „Such" kennen und mit dem Aufspüren Erfahrung haben, denn er soll Sie anhand Ihres Geruchs suchen und finden. Gehen Sie mit Ihrem Hund spazieren, am besten in Begleitung einer weiteren Person. Sie wird Ihren Hund ablenken und mit ihm zurückbleiben, während Sie sich in einiger Distanz, aber nicht zu weit weg, verstecken. Sobald Ihr Hund beginnt, sich nach Ihnen umzusehen, wird Ihre Begleitperson ihn an einem getragenen Schal mit Ihrem Geruch schnuppern lassen, ihm das Kommando „Such" geben und ihn von der Leine lassen. Belohnen Sie Ihren Hund, sobald er sie erschnuppert und gefunden hat.

79. Sockenspiel

Auch bei diesem Spiel geht es um den Geruchssinn Ihres Hundes. Das heißt, dass er wahrscheinlich großen Spaß daran haben wird, denn Hunde erleben die Welt über ihre Nase. Während Ihr Hund vor Ihnen sitzt, häufen Sie Ihre ausrangierten Socken vor ihm auf. Halten Sie ihm ein stark duftendes Leckerli hin und verstecken es danach in einer der Socken, nicht ohne den Haufen nochmals durchzumischen. Nun sagen Sie „Los" und Ihr Hund darf nach der richten Socke suchen. Dieses Spiel fördert sowohl Gehorsam und Ausdauer als auch den Geruchssinn Ihres Hundes.

80. Die Wundertüte

Um Ihrem Hund während Ihrer Abwesenheit eine Freude zu machen und die Langeweile zu vertreiben, hinterlassen Sie ihm eine Wundertüte. Sie benötigen eine Papiertüte, in die Sie ein paar Leckerlis und sein Lieblingsspielzeug einfüllen. Verschließen Sie die Tüte und geben Sie sie Ihrem Hund. Beim ersten Mal sollten Sie bei Ihrem Hund bleiben und ihn kräftig anfeuern, sie zu öffnen. Machen Sie ein tägliches Ritual daraus, ihm eine Wundertüte mit wechselndem Inhalt zu hinterlassen. Sie fördern damit seine Intelligenz, Geschicklichkeit und Ausdauer.

81. Fährtensuche

Auch dieses Spiel wird Ihr Hund lieben. Verteilen Sie einige umgedrehte, mit Duftlöchern versehene Kartons im Raum. Mit einem stark duftenden ziehen Sie eine Spur durch den Raum, um die Kartons herum und daran vorbei bis zu einem der Kartons. Darunter verstecken Sie das Leckerli. Nun rufen Sie Ihren Hund und animieren ihn dazu, der Spur zu folgen und das Versteck zu finden, unter dem die Belohnung auf ihn wartet.

82. Stillhalten

Für einen Hund ist das Stillsitzen und Stillhalten eine Herausforderung. Dieses Spiel fördert die Disziplin, Geduld und Ruhe Ihres Hundes. Üben Sie zunächst mit ihm, indem Sie Ihren Zeigefinger auf seine Nase oder den Kopf legen, während er in der Sitz- oder Platz-Position ist. Sagen Sie „Stillhalten". Loben und belohnen Sie ihn, wenn er gehorcht. Legen Sie nun ein Leckerli auf seinen Nasenrücken oder die Pfoten. Hält er eine Weile still, loben und belohnen Sie ihn. Wiederholen Sie die Übung einige Male. Versuchen Sie nun, mehrere Leckerlis auf seiner Nase oder dem Kopf zu stapeln. Erhöhen Sie die Anzahl aber nicht zu schnell, Ihr Hund soll sich dabei wohlfühlen. Steigern Sie langsam die Zeitspanne, während der er stillhalten muss. Dann belohnen Sie ihn mit all den Leckerlis, die er balanciert hat und loben ihn überschwänglich.

83. Schnüffelspiel mit Pfote auflegen

Auch bei diesem Spiel soll Ihr Hund ein verstecktes Leckerli erschnüffeln. Allerdings soll er bei dieser Schnüffelvariante nicht etwa das Gefäß umwerfen, unter dem das Leckerli versteckt ist, sondern seine Pfote darauflegen. Reiben Sie einen Tonblumentopf innen mit einem stark duftenden Leckerli ein und stülpen ihn dann vor seinen Augen darüber. Wenn er auf das Kommando „Such" den Tontopf mit der Nase berührt, sagen Sie „Pfötchen". Wenn er sie Ihnen hinhält, legen Sie sie sanft auf den Tontopf, clicken Sie und belohnen ihn dann mit dem Leckerli unter dem Topf. Wiederholen Sie diese Übung mehrmals. Hat Ihr Hund den Ablauf verinnerlicht, arbeiten Sie mit mehreren Blumentöpfen, sodass er seine Nase richtig anstrengen muss, um den richtigen Topf zu erschnüffeln. Wenn Sie das Gefühl haben, er verliert das Interesse, heben Sie rasch den richtigen Topf an, sodass er das Leckerli sieht, und stülpen ihn schnell wieder darüber. Legt er seine Pfote auf den richtigen Topf, bekommt er seine Belohnung.

84. Machen Sie Gucklöcher in den Zaun

Wenn Sie das Glück haben, einen Garten mit einem interessanten Ausblick zu besitzen, beispielsweise auf von Vögeln und Kleintieren bewohntes Buschwerk oder eine Straße, dann haben Sie das perfekte Tageskino für Ihren Hund. Alles, was Sie tun müssen, ist, dass Sie ein paar Gucklöcher in den Zaun zu bohren, damit Ihr Vierbeiner gut sehen kann.

Spiele für den Alltag

85. Das Futter erschnüffeln

Für Ihren Hund ist es aufregend, wenn er sich sein Futter erarbeiten muss. Statt einen gefüllten Napf vor ihn hinzustellen, machen sie es ihm ein bisschen schwerer, an sein Abendessen zu kommen. Streuen Sie einfach sein Futter rund um das Haus herum oder quer durch den Garten und lassen Sie ihn jeden Bissen erschnüffeln. Danach wird er rechtschaffen müde und glücklich sein.

86. Bauen Sie eine Grabkiste

Hunde lieben es, zu graben. Damit er gar nicht erst auf die Idee kommt, Ihre Gemüse- und Blumenbeete zu ruinieren, bauen sie ihm eine Grabkiste, in der er nach Herzenslust buddeln darf. Sobald er gelernt hat, wo er graben darf und nicht, sind Ihre Beete sicher und er wird die neue Spielmöglichkeit mit Begeisterung nutzen. Das gilt vor allem für Dackel und Schnauzer, die ursprünglich für die Jagd nach Kleintieren gezüchtet worden waren, die sie aus ihren Löchern ausgraben mussten.

Für die Grabkiste können Sie ein Kinderplanschbecken oder einen vorgefertigten Sandkasten umfunktionieren oder ein mit Sand gefülltes Hoch-Beet für ihn bauen. Füllen Sie das Behältnis mit kindersicherem Sand. Stellen Sie die Kiste in den Gartenbereich, der für Ihren Hund erlaubt ist und trennen Sie diesen Bereich vom restlichen Garten ab. So lernt er, wo er graben darf und wo nicht. Falls es in Ihrer Gegend Katzen gibt oder wenn Katzen zu Ihrem Haushalt gehören, bauen Sie vorsichtshalber eine Abdeckung, die Sie nachts darüberlegen können, oder tagsüber, wenn Ihr Hund die Kiste nicht nutzt.

Vielleicht begreift er anfangs noch nicht, wofür dieser Sandkasten gedacht ist. Dann müssen Sie es ihm beibringen. Vergraben Sie zunächst Leckereien, Hundebonbons oder Spielzeug so im Sand, dass sie teilweise für ihn sichtbar sind. Wenn er sie gesehen hat, bedecken Sie sie mit einer Sandschicht. Nun fordern Sie ihn auf, gemeinsam mit Ihnen nach den vergrabenen Hundeschätzen zu suchen.

Sobald er die Abtrennung zum verbotenen Gartenbereich übertritt und dort zu graben beginnt, führen Sie ihn zu seiner Kiste im Hundegarten und animieren Sie ihn, dort weiter zu graben. Verstecken Sie immer mal wieder Spielzeug und Leckerlis im Sand seiner Kiste, um ihn zu ermutigen, dort und nicht im restlichen Garten zu buddeln. Die Buddelkiste wird er nach einer Gewöhnungsphase nicht mehr missen wollen und er wird sich stundenlang mit Buddeln beschäftigen, ohne dass es für ihn oder seine Menschen – also Sie – Stress gibt.

87. Kaufen Sie Ihrem Hund einen haltbaren Ball

Hundebälle sind haltbarer als ein normaler Fußball. Wenn Ihr Hund gerne kaut, kaufen Sie einen Ball ohne Griff, sonst wird der Ball nicht lange überleben. Für einen Hund ist solch ein Ball sehr unterhaltsam. Er kann ihn im Haus die Treppen hinunterschubsen und verfolgen, im Garten lässt er sich wegkicken und herumrollen, jagen und wieder einfangen. Außerdem ist er ein wunderbares Spielzeug für eine gemeinsame Aktion mit Ihnen.

88. Das Planschbecken

Besonders bei hohen Temperaturen haben die meisten Hunde viel Freude am Herumspritzen mit Wasser. Stellen Sie ein einfaches Kunststoff-Kinderplanschbecken in den Garten und Ihr Vierbeiner ist der glücklichste Hund der Welt. Er kann sich nach Herzenslust darin wälzen, herumspritzen, toben und sich gleichzeitig abkühlen. Um das Maß des Glücks vollzumachen, werfen Sie ihm ein Quietschspielzeug ins Wasser, mit dem er sich beschäftigen kann. Auch ein Stück Apfel oder Karotte, welches er aus dem Wasser fischen muss, ist ein willkommenes Leckerli.

89. Machen Sie einen Ausflug ans Wasser

Wenn Sie einen hundefreundlichen Strand, See oder Bach in der Nähe haben, kann ein Ausflug dorthin für jede Menge Spaß sorgen. Wenn Ihr Hund kein sicherer Schwimmer ist, nehmen Sie unbedingt eine Hundeschwimmweste mit, dann sind Sie auf der sicheren Seite. Packen Sie auch Hundespielzeug, eine Frisbee-Scheibe oder einen Ball ein, denn Ihr Hund wird es lieben, mit Ihnen eine Partie Wasserball oder Wasser-Frisbee zu spielen. Fangen und Holen, eine seiner Lieblingsbeschäftigungen, die gleichzeitig die Gesundheit seines Herz- und Kreislaufsystems wie auch seines Bewegungsapparates unterstützt. Wählen Sie möglichst schwimmfähiges Spielzeug aus, sonst dürfen Sie hinterher einen Großeinkauf im Hundespielzeugladen machen und müssen Ihren Hund trösten, weil sein Lieblingsspielzeug verschwunden ist.

Hunde lieben es, durch flaches Wasser zu waten und darin herumzuspritzen. Für ältere Hunde mit Gelenkproblemen ist es eine wunderbare Möglichkeit, sich zu bewegen.

Im tieferen Wasser, auch im Pool, behalten Sie Ihren vierbeinigen Freund unbedingt im Auge. Gerade Pools können eine Gefahr für einen Hund sein, wenn er kein sicherer Schwimmer ist. Bevor Sie ihm erlauben, in den Pool zu gehen, zeigen Sie ihm genau, wo die Stufen sind, die aus dem Wasser herausführen und stellen Sie sicher, dass Sie den Hund im Blick haben.

90. Eiswürfel aus Brühe

An heißen Sommertagen sind Eiswürfel eine wunderbare Beschäftigung für Ihren Hund, die gleichzeitig für Abkühlung sorgen. Frieren Sie geriebene Karotte oder Apfelstückchen mit ein, dann hat er unterschiedliche Geschmacksrichtungen und jeweils eine verschiedene Konsistenz. Sie werden erstaunt sein, mit welcher Hingabe sich Ihr Hund diesen Leckereien widmen wird. So können Sie kurz Besorgungen machen oder etwas im Haus erledigen und sicher sein, dass sich Ihr Hund nicht langweilt.

91. Wechseln Sie das Hundespielzeug regelmäßig

Studien zum Spielverhalten von Hunden bestätigen, was Hundebesitzer aus Erfahrung wissen. Nach einer gewissen Zeit langweilt sich ein Hund mit immer demselben Spielzeug. Da verhalten sich Hunde nicht anders als kleine Kinder. Deshalb sorgen Sie dafür, dass Ihr Hund immer nur einige wenige Spielsachen nutzen kann und halten Sie die anderen unter Verschluss. Wenn Sie eins der älteren Spielzeuge wieder aus der Versenkung hervorholen, machen Sie daraus ein Spiel. Spielen Sie „Holen und Bringen". Werfen Sie das Spielzeug und lassen es sich bringen. Dann spielen Sie „Ziehen", indem Sie so tun, als wollten Sie es ihm wegnehmen. Ziehen Sie eine Weile daran und lassen Sie ihn darum kämpfen. Aber am Ende lassen Sie ihn gewinnen, er darf es behalten. Seine Begeisterung für das alte Spielzeug wird wie neu sein, denn mit dem „Kampf" hat er es sich verdient und weil er der Gewinner war, ist es nun sehr begehrenswert.

Diese Übungen funktionieren auch mit seinem Spielzeug und lassen sich auf vielfältige Weise variieren.

92. Leuchtspielzeug

Solche Spielsachen, die bei Dunkelheit leuchten, sind vor allem in der Winterzeit eine gute Spielalternative. Oft ist es noch dunkel, wenn Sie morgens aus dem Haus gehen und es ist bereits wieder dunkel, bevor Sie zurückkehren. Mit leuchtendem Hundespielzeug ist Ihr Hund auch beschäftigt, wenn es im Haus noch oder wieder dunkel ist. Es gibt Bälle mit fluoreszierenden Nähten, sodass Ihr Hund trotz Dunkelheit genau weiß, wo sein Spielzeug hingerollt ist. Es gibt alle möglichen Arten von blinkenden und quietschenden Spielzeugen wie Frösche, deren Beine verknotet sind, damit Ihr Hund daran zerren und darauf kauen kann. Sie werden Ihren Hund stundenlang beschäftigt halten.

Ein weiterer Vorteil ist, dass Sie dieses Spielzeug mitnehmen können auf Ihren Abendspaziergang in den Park. Es reflektiert in der Dunkelheit und Ihr Hund wird viel Spaß haben, es zu jagen, wenn Sie es werfen und er seinen Weg durch die Luft nachverfolgen kann. Sollte der Ball auf die Straße rollen, ist er für Autofahrer gut zu erkennen, was die Unfallgefahr für Ihren Hund reduziert. Wenn das Spielzeug in den Büschen landet, haben Sie keine Probleme, es wiederzufinden.

93. Einen Gegenstand im Maul tragen

Halten Sie Ihrem Hund einen Gegenstand hin und sagen „Nimm“. Sobald er ihn nimmt, belohnen Sie ihn. Geben Sie dem Gegenstand eine Bezeichnung, beispielsweise Knochen, Frisbee, Quietschente, Zeitung, können Sie später benennen, was genau Ihr Hund tragen soll. Sobald er einen Gegenstand zuverlässig aus Ihrer Hand nimmt, legen Sie ihn vor ihn hin und sagen beispielsweise „Nimm Frisbee“. Warten Sie bei jedem Übungsdurchgang etwas länger, bevor Sie ihn belohnen. Dadurch lernt er, die jeweiligen Dinge längere Zeit im Maul zu halten und Sie können ihn später auffordern, Ihnen bestimmte Gegenstände zu holen oder sein Spielzeug auf dem Spaziergang zum Park im Maul zu tragen.

94. Skateboard fahren

Locken Sie Ihren Hund auf das Skateboard und schieben ihn langsam vor und zurück, um ihn an die Bewegung zu gewöhnen. Setzen Sie die Hinterbeine auf den Boden, sodass er das Skateboard anschieben kann. Sobald es etwas rollt, sagen Sie „Hopp“. Wenn Ihr Hund aufspringt, clicken Sie und loben ihn, wenn er „an Bord“ bleibt.

95. Laufspiele an der Leine

Laufspiele an der Leine können sehr abwechslungsreich sein und Spaß machen, vor allem im Park auf einer großen Grasfläche mit wenig Ablenkung. Binden Sie die Leine am Gürtel fest, aber stellen Sie sicher, dass sie immer locker bleibt.

Gestalten Sie das Laufen mit Ihrem Hund so abwechslungsreich wie möglich. Im Vordergrund stehen der gemeinsame Spaß und die Kommunikation. Wechseln Sie mittendrin das Tempo oder die Richtung, laufen sie Slalom, langsam, schnell, rückwärts, seitwärts, bleiben Sie plötzlich stehen oder gehen Sie ganz langsam, was Ihnen gerade in den Kopf kommt. Sie können hüpfen, schleichen, sich im Kreis drehen, springen und es kann sehr spannend sein, die Reaktion Ihres Hundes zu beobachten und sich mit ihm gemeinsam zu bewegen und zu sehen, woran er am meisten Spaß hat. Dabei bleibt die Leine immer locker. Wenige Minuten am Stück sind anfangs vollkommen ausreichend. Beenden Sie das Spiel, solange Ihr Hund noch konzentriert bei Ihnen und voller Interesse ist.

96. Zickzacklauf

Wenn Ihr Hund Laufspiele mag, rennen Sie doch einmal ohne Leine gemeinsam im Zickzack durch den Garten oder über die Wiese im Park. Schlagen Sie Haken und ermuntern den Hund, mitzurennen. Dann bleiben Sie plötzlich stehen und bewegen sich nicht mehr. Der Hund wird gespannt stehenbleiben. Sobald er sich total beruhigt hat, rennen Sie wieder los. Beim nächsten Halt können Sie ein Kommando wie „Sitz“ oder „Platz“ einwerfen und beobachten, wie lange Ihr Hund braucht, um vom wilden Rennen in die Sitzposition zu wechseln.

Wenn der Hund Spaß daran hat, kann man nun kleine Übungen vorgeben. Sobald der Hund ruhig ist, gibt es ein Kommando, „Sitz“ z.B., erst dann geht es weiter. Wie lange dauert es, bis der Hund sich automatisch hinsetzt, wenn man aus vollem Lauf stehen bleibt? Eine andere Variation ist das Kommando „Bleib“. Sie rennen los, aber Ihr Hund muss sitzenbleiben, bis Sie ihn rufen.

97. Verlockungen widerstehen

Ihr Hund befindet sich in der Sitzposition. Legen Sie ein Lieblingsspielzeug Ihres Hundes oder ein besonderes Leckerli einige Meter weit entfernt auf den Boden. Gehen Sie mit dem Hund an der Leine darauf zu. Sobald sich die Leine strafft, kehren Sie um und gehen kommentarlos zum Ausgangspunkt zurück. Wiederholen Sie das Spiel so lange, bis Sie mit lockerer Leine am Ziel ankommen. Jetzt darf sich Ihr Hund die Belohnung holen.

Variante: Legen Sie während eines Spaziergangs ein Spielzeug oder ein Leckerli auf den Boden. Laufen Sie mit dem Hund weiter. Läuft er gehorsam mit, geben Sie ihm zur Belohnung die Erlaubnis, zurück zu rennen und es sich zu holen.

98. Balancieren

Hunde mögen es nicht, über unbekanntes Terrain zu laufen. Diese Übung gewöhnt Ihren Hund daran. Er muss über ein nicht zu breites Holzbrett balancieren. Zunächst legen Sie es auf den Boden und lassen ihn das Brett beschnuppern. Dann führen Sie ihn angeleint über das Brett. Sollte er daran vorbeilaufen, halten Sie die Leine kürzer. Nutzen Sie die Überredungskraft von Leckerlis und locken ihn damit über das

Brett. Wählen Sie ein Kommando. Nach einer gewissen Übungszeit sollte er auf Kommando über das Holzbrett balancieren.

99. Ball antippen

Legen Sie ein Leckerli unter den Ball, damit Ihr Hund mit der Nase antippt. Neben dem Leckerli gibt es einen Click, das Kommando „Antippen“ und eine Extra-Belohnung. Mit der Zeit wird er auch ohne Leckerli darunter auf Kommando den Ball anstoßen. Belohnen nicht vergessen!

100. Das Namensspiel

Hunden, die ängstlich auf andere Menschen reagieren, hilft es, wenn sie ihren eigenen Namen hören. Dazu muss er bereits als Welpe lernen, wie sein Name ist. Belohnen Sie Ihren Hund immer dann, wenn Sie seinen Namen sagen. Sobald er Sie ansieht und auf seinen Namen reagiert, sagen Sie „Ja“ und legen eine Runde Knuddeln ein. So lernt der Hund, seinen Namen mit positiven Erfahrungen zu verbinden. Nach einiger Zeit lassen Sie ihn von jemand anderem mit seinem Namen ansprechen. Gehen Sie jedoch schrittweise vor, um die Angst zu verringern und Ihren Hund zur Interaktion zu ermutigen. Behalten Sie im Hinterkopf, dass Ihr Welpe sich erst nach einigen Monaten sicher genug fühlt, einen Fremden zu treffen.

101. Longieren – gemeinsam im Kreis laufen

Das Longieren eignet sich gut, die Bindung zwischen Ihnen und Ihrem Hund zu verstärken. Hier kommt es auf gute Kommunikation und Konzentration an, auch auf das gegenseitige Lesen der Körpersprache, besonders bei Kommandos, die auf Distanz gegeben werden. Die auf Distanz ausgeführten Aufgaben führen zu körperlicher und mentaler Auslastung des Hundes und stärken seine Motivation.

Stecken Sie mithilfe eines dicken Taus oder Bandes einen Kreis ab. Er muss für den Hund gut erkennbar sein. Die Schleppleine passen Sie der Kreisgröße an. Orientieren Sie sich beim Kreisumfang an der Größe Ihres Vierbeiners. Für die meisten Hunde eignet sich ein Radius von etwa fünf Metern, während für einen Chihuahua ein Radius vier Meter ausreichend ist.
Wählen Sie eine passende Schleppleine für Ihre Kreisgröße aus. Entscheiden Sie vor Beginn des Spieltrainings, ob der Hund ins Kreisinnere kommen darf, oder ob dies eine Tabuzone sein soll. Falls ja, müssen Sie ihm das klar kommunizieren, beispielsweise mithilfe des Kommandos „Nein“, sobald er sie betritt. Für seine Erfolge belohnt wird er jedoch nur dann, wenn er sich an der Kreisgrenze bewegt.

Der erste Lernschritt für Ihren Hund ist das Laufen an der Leine entlang der Kreismarkierung. Jeder richtige Schritt wird mit dem Clicker und einem Lob belohnt, außerdem von Zeit zu Zeit mit einem Leckerli. Sobald Ihr Hund verstanden hat, was Sie von ihm erwarten, vergrößern Sie die Distanz zwischen Ihnen. Läuft der Hund zu Ihnen in die Tabuzone, führen Sie ihn sofort wieder zur Kreislinie zurück. Haben Sie keine Tabuzone festgelegt, darf er zu Ihnen laufen.

Dennoch sollten Sie ihn ignorieren und ihn per Clicker und Lob belohnen, wenn er zurück zur Kreislinie läuft. Achten Sie auf Ihre und seine Körpersprache und arbeiten Sie anfangs immer nur für wenige Minuten, um die Überforderung Ihres Hundes zu vermeiden.

102. Verbinden Sie die Grundkommandos mit der Longier-Arbeit

Sobald Ihr Hund begriffen hat, dass er sich an der Kreislinie entlang bewegen soll, ist die Zeit reif für zusätzliche Übungen. Hierfür eignen sich besonders die Grundkommandos, er bereits verinnerlicht hat, wie „Sitz“ und „Platz“. Nach längerer Übungszeit können Sie Kommandos wie „Lauf“ oder „Stopp“ einführen. Auch hier ist eine klare Kommunikation notwendig. Beim Longieren als Hundesport werden verbale Kommandos und Leckerlis nur zu Anfang genutzt, aber als Trainingsmöglichkeit zum Spaß bestimmen Sie selber die Regeln.

103. Freilongieren

Nach einiger Zeit können Sie die verschiedensten Kreisvarianten einführen, um den Schwierigkeitsgrad zu erhöhen. Dafür müssen Sie und Ihr Hund jedoch bereits ein eingespieltes Team sein. Der Kreis wird nicht mehr abgesteckt, Ihr Hund läuft frei an der Schleppleine. Eine zusätzliche Herausforderung ist das Tricklongieren. Ihr Hund folgt beispielsweise zwei Kreisen in Form einer Acht.

Laufen Sie zunächst mit Ihrem Hund. Wenn er brav mitgelaufen ist, clicken Sie, sagen „Acht“ und belohnen ihn. Später vermitteln Sie ihm nur per Handzeichen, welche Form er laufen soll. Neben dem körperlichen und geistigen Training stärkt das Tricklongieren die Konzentrationsfähigkeit Ihres Vierbeiners und unterstützt die Bindung zwischen Ihnen und Ihrem Hund.

Vor allem Pudel und Collies können Sie mit dem Longieren begeistern. Doch auch für ältere und kranke Hunde ist es ein wunderbares, kontrolliertes Geh-Training, weil es nicht um Schnelligkeit und Beweglichkeit geht, sondern darum, den Kreis abzulaufen, was auch langsam zu bewerkstelligen ist. Jagd- und Rettungshunde sind vermutlich glücklicher, wenn sie herausfordernde Spiele ausführen können, bei denen sie selbständig handeln können. Wenn Sie mit Welpen longieren möchten, sollten Sie mit ihnen vorher zunächst die Grundkommandos einüben und sie erst danach in das Laufen im Kreis einführen.

104. Teppich mit der Nase ausrollen

Hunde in freier Wildbahn sind daran gewöhnt, für jede Bequemlichkeit zu arbeiten. Auch Ihr Hund wird glücklicher sein, wenn Sie ihm eine „Arbeit“ geben, mit der er sich Lob, Spielzeug oder Leckerlis verdienen kann. Wählen Sie einen Teppich, der sich auf Antippen fast automatisch ausrollt. Legen Sie vor den Augen Ihres Hundes ein Leckerli oder Spielzeug auf den Teppich und rollen ihn auf. Drehen Sie den Teppich so, dass er sich auf das Antippen mit der Pfote oder Schnauze öffnet und die Belohnung freilegt.

105. Das Wegrenn-Spiel

Das Wegrenn-Spiel ist hilfreich, um echte Stress- oder Gefahrensituationen so zu vermeiden, dass Ihr Hund denkt, Sie spielen ein Spiel. Dies kann der Fall sein, wenn ein schüchterner Hund im Training überfordert ist. Auch beängstigende Hunde oder Fremde, die sich beim Gassi gehen plötzlich nähern, können bei einem schüchternen, ängstlichen Hund zu Stress führen. Dann ist dieses Spiel das perfekte Fluchtmittel.

Gehen Sie mit Ihrem Hund spazieren und sagen in regelmäßigen Abständen „wegrennen", drehen Sie sich um und laufen ein paar Meter in die entgegengesetzte Richtung. Wenn Ihr Hund folgt, belohnen Sie ihn mit dem Clicker, Leckerlis und Lob. Ihr Hund dies als ein lustiges Spiel und eine Chance für Belohnungen begrüßen. Das gibt Ihnen die Möglichkeit, Ihren Hund vor beängstigenden Situationen zu schützen.

106. Spazierengehen und beobachten

Ein schüchterner oder ängstlicher Hund muss ganz allmählich an Begegnungen mit anderen Menschen oder Hunden herangeführt werden. Gehen Sie mit Ihrem Hund in einen Park, wo er andere Hunde und Menschen aus der Distanz beobachten kann, ohne ihnen direkt zu begegnen. Beobachtet er die anderen aufmerksam, erhält er ausgiebiges Lob und ein Leckerli. Ihr Hund wird das Beobachten mit positiven Emotionen betrachten, aber es wird eine Weile dauern, bis er für eine direkte Begegnung gewappnet ist. Sie brauchen viel Geduld. Dieses Spiel ist ein guter Anfang, um diesen Prozess zu starten.

107. Einen neuen Menschen kennenlernen

Wenn Sie Ihren Hund an einen neuen Menschen gewöhnen wollen, ist dieses Spiel eine gute Möglichkeit, um Vertrauen aufzubauen, wobei Sie Geduld benötigen, das wird nicht von heute auf morgen geschehen. Ihr Hund steht zwischen Ihnen und dem neuen Menschen. Zeigen Sie Ihrem Hund ein Leckerli und werfen es hoch. Während er den Leckerbissen genießt, wirft der neue Mensch ihm ebenfalls ein Leckerli zu, aber so, dass der Hund näher an ihn herankommen muss, wenn er es sich holen will. Werfen Sie nun bei jeder Wiederholung das Leckerli weiter von sich weg und etwas dichter an den anderen heran. Nach einiger Zeit begreift Ihr Hund, dass der „Neue" keine Gefahr ist, im Gegenteil, er ist der Anlass für viele unerwartete Belohnungen. Ihr Vierbeiner wird sich mit der Zeit auf den anderen einlassen.

Bewegungsspiele

108. Humpeln

Ihr Hund sollte bereits im Stehen Pfötchen geben können. Geben Sie ihm das Kommando und halten die Pfote fest, während Sie ihn ein Stück führen. Wenn er läuft, halten Sie Ihre Hand so, dass er nur noch wenig Unterstützung hat. Mit fortlaufender Wiederholung geben Sie immer weniger Hilfe, bis er von alleine auf drei Beinen geht. Clicken Sie, sagen Sie „Humpeln", loben und belohnen Sie ihn.

109. Hürdenspringen

Halten Sie eine Stange niedrig über den Boden und locken Sie Ihren Hund mit einem Leckerli. Springt er drüber, clicken Sie, loben und belohnen ihn und sagen „Hopp". Halten Sie die Stange bei jedem Durchgang etwas höher, ohne an die Leistungsgrenze Ihres Hundes zu gehen. Übertreiben Sie es nicht, er könnte sich sonst verletzen. Das Spiel unterstützt seine Koordinationsfähigkeit, ist aber auch körperlich anstrengend.

110. Stangenspiel

Beginnen Sie mit zwei einfachen Bambus- oder Kunststoffstangen, die Sie im Abstand von etwa 55 Zentimetern in die Erde stecken. Führen Sie Ihren Hund mit dem Kommando „Slalom" zwischen den Stangen hindurch und belohnen ihn. Erhöhen Sie die Stangenanzahl graduell und nehmen Leckerli zu Hilfe, um ihn sanft am Halsband hindurch zu locken. Haben Sie Geduld.

111. Draufspringen

Stellen Sie einen niedrigen Hocker, Stuhl oder Tisch auf, deren Fläche Ihrem Hund ermöglicht, mit allen vier Pfoten sicher darauf Platz hat. Mit einem Leckerli und dem Kommando „Hopp" oder „Spring" locken Sie ihn schrittweise hinauf. Sie können ihn auch einen Anlauf nehmen lassen, die Oberfläche sollte dann aber nicht zu glatt sein. Legen Sie eine Teppichfliese darüber. Üben Sie, bis Ihr Hund auch springt, wenn Sie das Kommando aus der Entfernung rufen. Das Spiel fördert die Koordination, ist aber physisch anstrengend.

112. Umrunden

Stellen Sie ein Hindernis zwischen sich und Ihrem Hund auf. Rufen Sie ihn und sobald er das Hindernis erreicht hat, sagen Sie „Umrunden“ oder ein beliebiges Kommando. Läuft er um das Hindernis herum, belohnen Sie ihn und wiederholen den Ablauf. Wenn nicht, zeigen Sie ihm, was er tun soll und verstärken mit dem Clicker, wenn Sie das Hindernis gemeinsam umrundet haben. Wiederholen, clicken, loben, belohnen, wie immer. Das Spiel fördert die Konzentrationsfähigkeit Ihres Vierbeiners.

113. Mehrfach Umrunden

Stellen Sie ein Hindernis auf, das Ihr Hund umrunden soll. Mit einem Leckerli locken Sie ihn um den Gegenstand herum und sagen „Umrunden“. Tut er das, loben, und belohnen ihn und lassen ihn nochmals herumlaufen. Folgt er, clicken Sie und geben das Kommando „Drumherum“, verbunden mit einer Belohnung. Dieses Spiel fördert den Gehorsam.

114. Slalom durch die Beine

Stellen Sie einen Fuß mit etwas Abstand vor den anderen und locken Sie Ihren Hund von der Außenseite eines Fußes mit dem Leckerchen zwischen Ihren Beinen hindurch. Gehen Sie mit dem anderen Fuß vor, sodass er auch in die andere Richtung hindurchlaufen kann. Clicken, „Durchlaufen“ sagen, loben, belohnen, oft wiederholen.

115. Apportieren für Anfänger

Sie benötigen eine genügend lange Schleppleine, ein paar Leckerlis und den sogenannten „Apportel“, einen Gegenstand, den Ihr Hund gefahrlos im Maul tragen kann, wie ein Plüschtier, ein mit Leckerlis präpariertes Dummy oder sein bevorzugtes Spielzeug. Es wird für ihn vermutlich interessant genug sein, um hinterherzulaufen, wenn es geworfen wird. Wählen Sie keinen Ball, denn das Hüpfen würde seinen Jagdtrieb stimulieren, was in diesem Fall kontraproduktiv wäre.

Wählen Sie einen ungestörten Ort mit ausreichend Platz und werfen den Gegenstand. Dank der Schleppleine kann Ihr Hund nicht mit dem erbeuteten Spielzeug verschwinden. Loben Sie ihn, wenn er hinter dem Gegenstand herrennt und es aufhebt. Rufen Sie ihn zu sich und verkürzen nach und nach die Leine, bis er Sie erreicht hat. Sagen Sie „Aus“.
Überlässt er Ihnen sein Spielzeug, gibt es ein Clicker-Signal, viel Lob und ein Leckerli. Wiederholen Sie dieses Spiel oft, aber immer in kurzen Einheiten, so halten Sie die Motivation aufrecht. Das Spiel soll Ihnen beiden Spaß machen und den Hund nicht überfordern.

Später können Sie ihm das Kommando „Bring“ geben, wenn er dem Spielzeug nachjagt. Jede Trainingssitzung sollte mit einer Belohnung und positiven Gefühlen enden, damit Ihr Hund nicht frustriert ist, weil er seine Beute abgeben musste.

Variante für ungeduldige Spürnasen: Rennt Ihr Hund jedes Mal los, sobald Sie den Apportel werfen, probieren Sie folgendes Spiel aus: Ihr Hund ist in der Sitzposition und Sie verstecken den Gegenstand in einigem Abstand. Mit dem Kommando „Apport“ oder auch „Bring“ lassen Sie ihn nun auf Beutejagd gehen und Ihnen den Gegenstand bringen. Dieses Spiel fordert sowohl Ihnen als auch Ihrem Hund viel Konzentration aufeinander ab und das fördert die Bindung zwischen Ihnen und Ihrem Hund.

116. Apportieren um ein Hindernis herum

Bauen Sie ein Hindernis auf. Ihr Hund steht neben Ihnen. Werfen Sie den Apportel hinter das Hindernis. Es befindet sich zwischen Ihnen und dem Hindernis. Jetzt geben Sie Ihrem Hund das Apportierkommando und sagen „Drumherum“. Läuft er um das Hindernis herum, clicken Sie, loben und belohnen ihn. Läuft er nicht ganz herum, führen Sie ihn beim nächsten Spieldurchgang einmal herum, wiederholen „Drumherum“ und belohnen ihn. Mit diesem Spiel fördern Sie die geistige und körperliche Entwicklung Ihres Hundes.

117. Apportieren im Wasser

Viele Hunde sind Wasserratten und haben Spaß daran, im Wasser zu apportieren. Nutzen Sie diese Vorliebe, zumal die Gelenke beim Spielen im Wasser nicht so belastet sind und darüber hinaus mehr Muskelmasse aufgebaut wird. Wählen Sie zum Apportieren einen schwimmfähigen Gegenstand, aber keinen Holzstock, der leicht splittern und dadurch den Hund am Maul schlimm verletzen kann. Schwimmfähige Leckerlis sind eine weitere Möglichkeit. Werfen Sie sie ins Wasser und geben Sie erst dann das Kommando „Apportieren", wenn sie etwas abgetrieben sind.

118. Elefantenspiel

Dieser Trick wird gerne mit Elefanten im Zirkus gezeigt. Besorgen Sie sich ein Podest, klopfen Sie darauf, bis Ihr Hund sich anschickt, hinaufzusteigen. Sobald er es mit den Vorderpfoten berührt hat, stoppen Sie ihn, clicken, sagen Sie „Elefant" und geben ihm Lob und eine Belohnung. Er lernt so, dass die Hinterbeine unten bleiben sollen. Auch wenn es nicht sofort klappt, belohnen sie jeden richtigen Zwischenschritt, angefangen beim Annähern bis hin zum Draufsteigen. Mit diesem Spiel unterstützen Sie die Körperwahrnehmung Ihres Hundes.

119. Ein Kuscheltier hinter sich herziehen

Ihr Hund sollte das Kommando „Nimm" und „Bleib" verinnerlicht haben. Knoten Sie ein Seil an ein Kuscheltier Ihres Hundes, geben ihm das Seil ins Maul und sagen „Nimm“. Geben Sie das Kommando „Bleib“, entfernen sich etwas und rufen den Hund. Zieht er das Kuscheltier hinter sich her, während er zu Ihnen kommt, clicken Sie, loben und belohnen ihn. Natürlich können Sie auch jeden anderen Gegenstand an das Seil knoten.

120. Zeitungsbotenspiel

Wenn Ihr Hund Apportieren kann, geben Sie ihm vor dem Gassi gehen eine zusammengerollte Tageszeitung ins Maul. Er wird riesig stolz sein, dass er die Zeitung tragen darf, das erkennen Sie an den Augen und seiner Körpersprache. Loben Sie ihn zwischendurch immer wieder. Am Ziel nehmen Sie ihm die Zeitung ab und überschütten ihn mit Lob. Diese Übung stärkt sein Selbstbewusstsein und die Freude am Apportieren, außerdem ist es eine gute Gehorsamsübung.

121. Karren oder Schlitten ziehen

Gestalten Sie das tägliche Gassi gehen interessanter. Auch Hunde langweilen sich mit der Zeit, wenn Sie mit ihm immer dieselbe Strecke ablaufen, genau wie wir Menschen auch. Sie können auf vielerlei Art Abwechslung schaffen, beispielsweise durch die Abwandlung der Laufroutine, ein neues Spielzeug, Schnüffelspaziergänge sind gute Möglichkeiten der geistigen Stimulierung für Ihren Hund. Lassen Sie Ihren Hund doch mal einen Karren oder im Winter einen Schlitten ziehen. Solch einen Karren können Sie aus ein paar Holzbrettern und einem Unterbau mit Rädern leicht selber herstellen. Verbinden Sie den Karren oder Schlitten mit einem Hundegeschirr und los geht die Fahrt. Ihr Hund wird ihn stolz durch die Nachbarschaft ziehen.

122. Hindernisparcours beim Spaziergang

Ein Hindernisparcours während des täglichen Spaziergangs lässt sich aus Fundstücken in der Natur leicht gestalten. Auch ein Slalom rund um Bäume und Büsche kann Spaß machen und wenn Sie an einem umgestürzten Baum vorbeikommen, lassen Sie Ihren Hund das Balancieren üben. Baumstümpfe, Gesteinsbrocken und bizarr geformte Äste und Baumwurzeln ermöglichen einen improvisierten Hürdenlauf.

123. Hürdenlauf

Bei diesem Spiel, das Sie mit ihrem Hund ebenfalls perfekt während des Gassi gehens in freier Natur spielen können, geht es nicht um die Höhe, sondern darum, dass Ihr Hund mit Hindernissen vertraut wird. Er sollte das Kommando „Hopp“ beherrschen. Fangen Sie möglichst niedrig an. Baumstümpfe, Gesteinsbrocken, ein Haufen aus trockenen Blättern, bizarr geformte Äste und Baumwurzeln sind eine gute Wahl für einen improvisierten Hürdenlauf.

Um Ihren angeleinten Hund an das Spiel zu gewöhnen, laufen Sie mit ihm auf das Hindernis zu und sagen „Hopp“. Springt er, clicken Sie, loben und belohnen den Hund. Versucht er seitlich vorbeizulaufen oder zögert er, zu springen, legen Sie die „Hürde“ auf den Boden und laufen mit ihm ein paarmal drüber hinweg. Wiederholen Sie danach das Spiel im ursprünglichen Aufbau. Sie sollten diese Übung nicht mit Hunden unter zwölf Monaten spielen, weil ihre Gelenke zu stark belastet würden.

124. Über eine Leiter laufen

Dieses Spiel eignet sich für alle Hunde. Sie benötigen dafür eine Holzleiter, deren Längsseiten Sie auf gestapelte Bücher am Boden legen, sodass sich die Sprossen auf halber Höhe zwischen Fußgelenken und Knien Ihres Hundes befinden. Er soll seine Beine beim Darübersteigen anheben, aber nicht springen. Stellen Sie sich an die Längsseite, während Ihr Hund an der Schmalseite steht.

Zeigen Sie auf den ersten Sprossenzwischenraum und animieren Ihren Hund, über die erste Sprosse zu steigen. Sehen Sie nicht Ihren Hund, sondern den Punkt an, auf den Ihr Hund seine Füße setzen soll. Versucht er, seitlich auszuweichen, nehmen Sie ihn anfangs an die kurze Leine und führen ihn vorwärts. Hebt er den Fuß, bekommt er jedes Mal zur Belohnung ein Leckerli und ein Lob.

Bei den Hinterpfoten kann es etwas schwieriger werden. Viele Hunde haben mit der Koordination der Hinterbeine Probleme. Arbeiten Sie deshalb mit Ruhe, Geduld und ohne ihn unter Druck zu setzen. Wenn er seine Rute waagerecht nach links und recht schwingt, versucht er, im Gleichgewicht zu bleiben. Üben Sie diesen Ablauf so lange, bis er nicht mehr zögert, die Sprossen zu überqueren und problemlos von einem Ende zum anderen durchlaufen kann. Geizen Sie nicht mit Lob.

Um den Schwierigkeitsgrad zu erhöhen, können Sie den Abstand vom Boden erhöhen, dann muss er die Beine höher heben, oder Sie können ihn etwas schneller laufen lassen. Übertreiben Sie es aber nicht, damit es nicht zu Verletzungen kommt.

Dieses Spiel ist dazu gedacht, den gezielten Einsatz der Vorder- und Hinterbeine zu trainieren und es hält den Rücken beweglich. Gleichzeitig fördert es seine mentale Auslastung und die Konzentrationsfähigkeit. Da der Abstand der Leitersprossen zueinander immer gleich ist, wird er jedoch geistig nicht überlastet.

Duftspiele

125. Duftarbeit

Für Hunde sind Düfte das Nonplusultra. Dabei geht es nicht nur um Futterdüfte. Wenn Sie mit Ihrem Hund spazieren gehen, ist nahezu alles, was ihm in die Nase steigt, für ihn interessant. Wenn Sie mit ihm Duftspiele üben wollen, besorgen Sie sich Wattestäbchen, einige Gläser und ein paar Öle Ihrer Wahl. Geben Sie ein paar Tropfen Duft-Öl auf ein Wattestäbchen und legen es in ein Glas. Lassen Sie ihn daran schnuppern. In der anderen Hand tragen Sie ein Leckerli. Stellen Sie das Duft-Glas nun auf den Boden und legen das Leckerli daneben. Sobald er an dem Glas schnüffelt, belohnen Sie ihn, clicken und geben ihm das Kommando „Suchen“. Stößt er nun mit der Nase das Glas an, gibt es wieder Lob und Belohnung. Das nächste Mal können Sie das Spiel mit einem anderen Duft aufbauen.

126. Duftspiel mit Kartons

Werfen Sie Kartonverpackungen nie weg. Für dieses Spiel können Sie viele Kartons verschiedener Größen mit der Öffnung nach unten aufbauen. Unter einigen von ihnen verstecken Sie stark duftende Leckerlis. Nun holen Sie Ihren Hund und lassen ihn seiner Nase folgen. Hat er ein Leckerli erschnüffelt, darf er es essen. Hat er alle Verstecke entdeckt, locken Sie ihn mit einem weiteren Leckerli von den Kartons weg, loben ihn und geben ihm die Belohnung. So vermeiden Sie Frustration, wenn er weitersucht und nichts mehr findet. Stattdessen begreift er, dass dies ein gemeinsames Spiel war, bei dem die Belohnung von Ihnen ausgeht.

127. Lassen Sie jemand anderen den Duft verbergen

Eine spezielle Herausforderung ist es, wenn ein Familienmitglied oder Freund die Kartons draußen im Garten aufbaut und den Duft oder die Leckerlis versteckt. Nun wissen weder Sie noch Ihr Hund, wo die Verstecke sind. Jetzt kommt es auf seine feine Nase an. Feuern Sie ihn an mit dem Kommando „Such“. Sobald er ein Leckerli gefunden hat, gibt es Lob, einen Click und die Belohnung, die er gefunden hat. Dieses gemeinsame Spiel unterstützt die Beziehung zwischen Ihnen und Ihrem Hund.

Gassi gehen mal anders

128. Sniffari

Für einen Hund kann es ausgesprochen langweilig sein, jeden Morgen und jeden Abend denselben Spaziergang zu machen. Gehen Sie mit Ihrem Hund doch mal auf einen Schnüffelnasen-Spaziergang, eine sogenannte „Sniffari“. Bringen Sie ihm das Kommando „Schnüffeln“ bei und lassen ihn für einen bestimmten Zeitraum alles erkunden, wie es ihm gefällt und was ihm vor die Nase kommt. Sie folgen Ihrem Hund und sorgen für seine Sicherheit, er nichts Falsches frisst oder unkontrolliert auf die Straße rennt. Dieses Spiel ist geistig extrem anregend, aber auch körperlich ermüdend, was für die Verbrennung von viel Energieüberschuss sorgt. Sie werde erstaunt sein, wie müde Ihr Vierbeiner nach dem Einsatz seines Geruchssinns sein wird. Er wird schlafen wie ein Stein.

129. Gehen Sie zur Abwechslung eine andere Route

Um Abwechslung in die Gassi-Routine zu bringen, gehen Sie mal in eine andere Richtung, einen anderen Weg, um einen anderen Block. Erkunden Sie gemeinsam die Nachbarschaft. Dafür können sie auch mit dem Auto in ein anderes Viertel fahren, einen Hundepark besuchen, einen Waldspaziergang machen oder einen anderen Park besuchen als den, in dem Sie normalerweise spazieren gehen. Vielleicht gibt es einen Bach in der Nähe, in dem Sie Ihren Hund an warmen

Tagen zur Abwechslung nach Herzenslust herumwaten und schnüffeln lassen können.

130. Besuchen Sie einen Freund mit Garten

Machen Sie während des Spaziergangs einen Abstecher zu Freunden in der Nähe, die einen Garten besitzen und vielleicht auch einen Hund haben, mit dem Ihr Vierbeiner spielen und herumtoben kann. Genießen Sie dort eine Tasse Kaffee und ein nettes Gespräch, während Ihr Hund die ungewohnte Umgebung erkunden darf.

131. Machen Sie aus dem Hundespaziergang einen Familienausflug

Joggen Sie gemeinsam mit Familie und Hund und durchbrechen damit die tägliche Kaufroutine. Erkunden Sie mit Ihren Kindern und Ihrem Partner das nahegelegene Waldgebiet. Verbinden Sie die Familienwanderung mit einem Cafébesuch. Ihr Hund wird die besondere Aufmerksamkeit, Abwechslung und zusätzliche Gesellschaft begeistert aufnehmen.

132. Bus fahren

Unternehmen Sie mit Ihrem Hund eine Busfahrt in einen anderen Stadtteil und gehen dort spazieren. Viele Hunde lieben es, auf Reisen zu gehen und Leute zu beobachten. Vielleicht gibt es dort einen Park, den Sie noch nie besucht haben. Für Ihren Hund ist das ungeheuer aufregend. Alles ist neu, alles ist einladend und ungewöhnlich. Eine mentale Stimulation und eine Verstärkung.

133. Leckerlis verstecken

Machen Sie es sich zur Gewohnheit, stets Leckerlis beim Gassi gehen dabei zu haben. Damit lassen sich nämlich einfache Schnüffelspiele umsetzen: Verstecken Sie Leckerlis im Gras oder unter Ästen und Blättern. Neben der körperlichen Anstrengung beim Gassi gehen wird Ihr Hund so auch mental gefordert.

Spiele zum Selbermachen

Es ist nicht nötig, viel Geld für Hundespielzeug auszugeben. Vor allem, wenn Sie ein bestimmtes Budget einhalten müssen, tut es auch selbstgemachtes Spielzeug, das Sie aus einfachen Mitteln selber kreieren können. Sie werden bei der Anfertigung viel Spaß und Vorfreude haben. Nutzen Sie Ihre Kreativität. Wichtig ist dabei, dass Sie Materialien verwenden, die möglichst naturbelassen sind und bauen Sie keine gefährlichen Teile ein, die Ihr Hund verschlucken oder zerbeißen und sich daran verletzen könnte. Es gibt ungiftige Klebematerialien, die für Haustiere und Kinder ungefährlich sind. Wenn Sie Ihrem Hund selbstgemachtes Spielzeug geben, beaufsichtigen sie ihn dabei, um sicherzugehen, dass er nicht doch ein Teil zweckentfremdet und verschluckt.

134. Leckerli unter dem Joghurtbecher

Stellen Sie leere, saubere Joghurtbecher umgekehrt auf den Boden und verstecken unter einem Becher ein Leckerli. Lassen Sie Ihren Hund danach suchen. Falls er nicht sofort versteht, was er tun soll, heben Sie den Becher kurz an, sodass er das Leckerli sehen kann, und decken es schnell wieder zu. Bei diesem Spiel sind der Geruchssinn Ihres Hundes und seine Geduld gefordert.

135. Hütchen-Spiel

Bauen Sie das Spiel genau wie vorher auf. Zeigen Sie Ihrem Hund, unter welchem Joghurtbecher sich das Leckerli befindet, sagen Sie „Bleib" und verschieben alle Becher untereinander, sodass Ihr Hund nicht mehr weiß, unter welchem das Leckerli liegt. Nun fordern Sie ihn auf, danach zu suchen.

136. Intelligenzspielzeug aus Flaschen

Für dieses Spiel benötigen Sie eine leere, gut ausgewaschene und getrocknete PET-Flasche. Füllen Sie einige Leckerlis hinein und zeigen Sie Ihrem Hund, was sich in der Flasche befindet. Dann legen Sie sie vor ihm auf den Boden. Er soll einen Weg finden, an die Leckerlis zu kommen und herausfinden, wie er die Flasche dafür bewegen muss. Fall ihm das nicht gelingt, können Sie ihm helfen. Mit diesem Spiel helfen Sie Ihrem Hund, seine Fähigkeit zur Problemlösung zu trainieren und fördern seine Konzentrationsfähigkeit.

Als Abwandlung schneiden Sie die Böden von zwei PET-Flaschen mit einer Schere bei ungefähr fünf bis zehn Zentimetern Höhe ab. Stecken Sie die beiden Teile zu einer Art Kugel zusammen und verschließen Sie sie mit ungiftigem, kräftigem Klebeband. Schneiden Sie verschieden große Öffnungen in den Kunststoff und füllen Leckerli hinein. Ihr Hund muss herausfinden, wie er sich die Belohnungen aus der Flasche holen kann. Auch dieses Spiel fördert seine Fähigkeit zur Geduld, Problemlösung und Konzentration.

137. Leckerlis in der Muffin-Form

Am besten eignet sich ein Blech mit Muffin-Vertiefungen, aber Sie können auch einzelne Muffin-Formen nebeneinander aufstellen. Sie brauchen ebenso viele Tennisbälle wie Förmchen. Verteilen Sie Leckerlis in die Mulden und bedecken jedes mit einem Tennisball. Ihr Hund muss herausfinden, wie er sich die Leckerlis holen kann.

138. Leckerlis im Eierkarton

Streuen Sie einige Leckerlis in die Mulde eines intakten leeren Eierkartons aus Pappmaché, klappen den Deckel wieder zu und lassen ihn einrasten. Schütteln Sie ihn und lassen Sie ihn daran schnuppern, sodass Ihr Hund weiß, dass sich etwas Interessantes darinnen befinden. Nun muss er einen Weg finden, an seine Belohnung zu kommen. Er darf bei seiner Suche den Eierkarton zerstören. Achten Sie aber darauf, dass er die Kartonfetzen nicht vor Begeisterung mit auffrisst. Auch dieses Spiel unterstützt die Problemlösungsfähigkeiten Ihres Hundes.

139. Leckerchen in der Küchenrollenpappe

In eine leere Küchenpapierrolle füllen Sie einige Leckerlis. Legen Sie die Rolle vor Ihrem Hund ab und lassen ihn herausfinden, wie er an die Leckerlis kommt. Auch dieses Spiel fördert seine Fähigkeiten zur Problemlösung.

140. Röhrchen-Spiel - aufrecht hingestellt

Für dieses Spiel eignen sich Küchenpapier- oder Toilettenpapierrollen, die Sie mit der Öffnung nach unten auf einen ebenen Untergrund stellen. Füllen Sie jede Rolle mit einem Leckerli und lassen Ihren Hund herausfinden, wie er sich seine Belohnung holt. Auch dieses Spiel fördert seine Fähigkeiten zur Problemlösung.

141. Leckerli-Karton

Füllen Sie einen Karton, der der Größe Ihres Hundes angepasst ist, mit einigen Leckerchen oder legen sie Spielzeug hinein. Nun verkeilen Sie die Deckelteile ineinander, sodass der Karton verschlossen ist. Falls Ihr Hund Dinge, die er beim Spielen zerstört, zu fressen, sollten Sie ihn nicht zusätzlich mit Klebeband sichern, ansonsten können Sie damit den Schwierigkeitsgrad noch erhöhen. Er darf nun ausprobieren, wie er an den Inhalt gelangt und den Karton dabei auch kaputtmachen. Dieses Spiel unterstützt den Spieltrieb Ihres Hundes und in gewisser Weise auch seine Fähigkeit zur Problemlösung. Das Spiel ist körperlich verhältnismäßig anstrengend und wird einen müden, glücklichen Hund hinterlassen.

142. Korken-Schnüffelspiel

Es gibt wohl kaum etwas, das Hunde lieber tun als schnüffeln, mal abgesehen vom Fressen. Zaubern Sie aus einer Kiste voller Korken ein wunderbares Hunde-Spiel als Herausforderung für die feine Hundenase. Sie müssen nichts weiter tun, als eine Handvoll Leckerlis zu den Korken zu geben und gut zu vermischen. Das kann auch ganz normales Trockenfutter sein oder auch ein paar knackige Stücke Karotte. Ihr Hund muss nun mithilfe seiner Spürnase die Leckerlis erschnüffeln und darf sich damit belohnen.

143. Schnüffelfilze

Schnüffelspiele gibt es in vielen Varianten und Schwierigkeitsgraden. Ein in der Hundewelt außerordentlich beliebtes Spiel dieser Art ist das Fährtenlegen, das Sie mit Ihrem Hund zunächst in der einfachen Version spielen können. Es lässt sich später ausbauen und schwieriger gestalten. Sie können es überall spielen, bei Regen auch im Haus. Für die einfache Version verteilen sie eine Reihe Bierdeckel, auf denen sie vorher mit etwas Trockenfutter oder einem stark duftenden Leckerli gerieben haben, und legen damit eine Fährte für Ihren Hund. Hat Ihr Vierbeiner noch keine Erfahrung mit diesem Spiel, können Sie zunächst kurze Fährten mit engeren Abständen zwischen den Bierdeckeln legen. Auf dem letzten Bierdeckel präsentieren sie seine Belohnung.

Anfangs können Sie Ihren Hund an der Leine führen und mit ihm gemeinsam die Bierdeckel-Fährte verfolgen. Schon nach kurzer Zeit wird das nicht mehr nötig sein, nach einiger Übung hat Ihr Hund begriffen, um was es geht und wird voller Begeisterung die Fährte aufnehmen, bis er die Belohnung einheimsen kann.

Sobald er genügend Erfahrung in diesem Spiel hat, vergrößern Sie den Abstand zwischen den Bierdeckeln und legen eine längere Fährte. Sie kann ganz um den Garten herumführen, wenn er Spaß an diesem Spiel hat. Legen Sie bei solch einer langen Fährte hin und wieder ein Leckerli, ein Stück Apfel oder Karotte auf einen der Bierdeckel, um seine Motivation aufrechtzuerhalten.

Eine weitere Erhöhung des Schwierigkeitsgrads ist die Bierdeckel-Fährte mit Abzweigung. Dafür reiben Sie jeweils die Hälfte der Bierdeckel mit zwei unterschiedlich duftenden Leckerlis ein und legen eine neue Fährte, von der ein anders duftende Abzweigung abgeht. Natürlich gibt es an beiden Enden eine Belohnung. Das kann ein Leckerli sein, aber Sie können ihm auch ein Spielzeug überreichen, wenn er sich erfolgreich zum Ziel geschnüffelt hat.

144. Flechten Sie einen robusten Zergel

Wenn Ihr Hund so gestrickt ist, wie die meisten Hunde, wird er neben dem Schnüffeln liebend gerne herumtoben und sich im Wettkampf mit Ihnen messen. Dazu zählen die Zerrspiele, die auf der Top Ten Liste der Hunde steht. Ein Zerrspielzeug muss einiges aushalten und soll den Hund auch körperlich auslasten. Es wird nicht nur im Team mit Ihnen genutzt, Ihr Hund wird sich auch gerne alleine ausgiebig damit beschäftigen. Ein Zerrspielzeug muss robust sein, sonst überlebt es den ersten Tag nicht.

Wenn Sie einen Zergel selber herstellen wollen, benötigen Sie vier Stoffstreifen von etwa acht Zentimeter Breite und 120 Zentimeter Länge. Sie können dafür eine alte Fleece-Decke oder ausrangierte Kleidungsstücke aus robusten Stoffen in entsprechend breite und lange Streifen schneiden.

Natürlich kommt es auch auf die Größe Ihres Hundes an, wie breit Sie die Streifen schneiden. Variieren Sie die Breite entsprechend.

Legen Sie nun die vier Stoffstreifen übereinander und sichern Sie sie oben mit einem festen Knoten.

Beginnen Sie mit dem Flechten. Dafür legen Sie den oberen Streifen über den rechten, den rechten Streifen über den unteren, den unteren Streifen über den linken und den linken Streifen unter den oberen. Ziehen Sie nun die gegenüberliegenden Streifen fest zusammen und flechten gleichmäßig in alle Richtungen weiter. Am Ende angekommen ziehen alle Streifen fest zusammen und verknoten das untere Enden ebenfalls. Schneiden Sie die Enden gleichmäßig zurecht und fertig ist ein robuster Zergel im DIY-Verfahren.

145. Flaschendreh-Spiel

Schneiden Sie zunächst eine leere Plastikflasche direkt unterhalb des Drehverschlusses auf. Die Öffnung sollte dann so groß sein, dass ein Leckerli durchpasst. Stechen Sie daraufhin zwei gegenüberliegende Löcher in die seitlichen Wände der Flasche und ziehen eine Schnur durch diese. Befestigen Sie nun die Schnur an zwei Punkten, sodass die Flasche in der Luft hängt. Füllen Sie daraufhin ein Leckerli in die Flasche und zeigen Ihrem Hund, wie es beim Drehen der Flasche herausfällt. Nun ist Ihre Fellnase an der Reihe: Legen Sie erneut ein Leckerli hinein und warten Sie, bis der Hund die Flasche mit der Nase dreht.

Variante: Je kleiner die Öffnung, desto schwerer wird es für den Hund. Es wird auch schwerer, je weniger gespannt die Schnur ist.

146. Futter-Roller

Für dieses Spiel brauchen Sie nur eine kleine, verschließbare Papp-Schachtel, Leckerlis und eine Schere. Füllen Sie zunächst die Schachtel mit einigen Leckerlis. Schneiden Sie dann in den Karton Löcher, die groß genug sind, dass Leckerlis hinausfallen können. Verschließen Sie daraufhin den Karton (hier kann auch ungiftiges Klebeband helfen). Rollen Sie die Schachtel dann über den Boden, sodass ein bis zwei Leckerlis hinausfallen, um Ihrem Hund zu zeigen, dass in der Schachtel Leckerlis sind. Nun kann Ihr Hund selber herausfinden, wie er an seine Belohnung in Form von Leckerlis kommt.

147. Tunnelbau

Um dieses Spiel aufzubauen, benötigen Sie einen großen Pappkarton oder Ähnliches, den Sie auf die Seite legen, damit er als Tunnel fungieren kann. Bringen Sie nun Ihren Hund dazu, durch den Tunnel hindurch zu gehen: Legen Sie zunächst ein Leckerli an den Eingang des Tunnels, aber so, dass Ihr Hund zumindest den Kopf hineinstecken muss. Legen Sie nun das nächste Leckerli etwas weiter in den Tunnel. Das machen Sie so lange, bis Uhr Hund hindurch geht.

Variante: Erschweren Sie den Zugang: Hängen Sie eine Decke vor den Eingang oder bauen Sie andere Hindernisse auf.

148. Stapel-Chips Knobelspaß

Nehmen Sie zunächst eine leere Packung Stapelchips und reinigen Sie diese von innen. Füllen Sie nun Leckerlis in die Packung, machen den Deckel darauf und drehen diese um. Ihr Hund muss nun versuchen den Deckel zu entfernen, damit die Leckerlis herausfallen. Um Ihrem Hund zu zeigen, dass in der Packung Leckerlis enthalten sind, halten Sie zunächst den Deckel fest und lassen Ihn dann vor den Augen Ihres Hundes fallen, damit das Leckerli auf den Boden fällt.

Varianten: Ändern Sie die Höhe, in der Sie die Packung halten. Auch der Winkel kann verändert werden.

149. Überraschungsturm

Für dieses Spiel benötigen Sie eine hohe, schmale Kiste oder einen Karton, der Ihren Hund im Stehen nicht überragt. Sägen oder schneiden Sie mehrere Schlitze hinein und sparen dabei das letzte Drittel unten aus. Nun müssen sie aus festem Karton „Schubladen“ zurechtschneiden, die noch ein ganzes Stück vorne herausragen, wenn

Sie sie in die Schlitze hineinschieben. Hinten sollten Sie bis an die Kartonwand reichen.
Schieben Sie alle Schubladen hinein und bestücken Sie die oberste mit einigen Leckerlis.

Dieses Spiel unterstützt die Fähigkeiten Ihres Hundes, Probleme zu lösen.

150. Reiz-Angel

Dieses Spiel eignet sich am besten, wenn Sie in der freien Natur sind. Sie benötigen etwa zwei bis vier Meter einer festen Schnur und eine zwei Meter lange Stange. Befestigen Sie die Schnur sicher an der Stange. An das andere Ende knoten Sie die „Beute". Das kann ein Spielzeug sein, ein Plüschtier oder was auch immer Ihren Hund animiert. Bevor Sie ihn mit der neuen Spielmöglichkeit konfrontieren, beginnen Sie zum Aufwärmen seiner (und Ihrer) Muskeln mit einem Frisbee- oder Ballspiel. Dann testen Sie, ob Ihr Hund Spaß am Jagen hat, indem Sie ihm die Beute an der Stange vor die Nase halten und sie herumhüpfen lassen. Machen Sie ihn heiß, zeigen Sie ihm, dass er sich die Jagdbeute schnappen darf. Erweist er sich als interessiert, fordern sie ihn heraus, Ihnen zu folgen. Ziehen Sie die
Reizangel hinter sich her, so dass sie über den Boden schleift und lassen sie dann hochschnellen, rennen Sie mal in die eine, dann wieder in die entgegengesetzte Richtung. Erwischt Ihr Hund die Beute, sollte er Sie Ihnen bringen. Wenn er bereits das Apportieren gelernt hat. Geben Sie ihm das entsprechende Kommando.

Dieses Training eignet sich hervorragend als Übung zur Impulskontrolle. Erhöhen Sie dazu den Schwierigkeitsgrad und geben ihm mitten im Spiel das Kommando „Stopp", das er natürlich vorher bereits kennen muss. Hält er tatsächlich auf ihr Kommando an, müssen Sie ihn überschwänglich loben und ihn belohnen, denn das ist eine der schwersten Übungen, vor allem für einen jagdbegeisterten Hund. Lassen Sie ihn anschließend die Jagd fortsetzen. Je nachdem, ob er am Ende des Spiels das Spielzeug behalten oder das Dummy zerfetzen darf, lassen Sie es sich apportieren oder geben Sie es ihm nach Beendigung des Spiels als Belohnung.

Ausblick

Dieses Buch soll dabei helfen, dass Ihnen niemals die Ideen für neue Hundespiele ausgehen. Deshalb habe ich hier alles gesammelt, was dem Team Hund und Mensch Freude macht. Sie finden in diesem Ratgeber die verschiedensten Hundespiele, Übungen und Tricks für drinnen und draußen, die einerseits Spaß machen, aber auch die gesunde Entwicklung Ihres Hundes fördern.

Dabei geht es einerseits um Übungen zur Impulskontrolle sowie die für ein friedliches Zusammenleben von Hund und Mensch unerlässlichen Grundkommandos und Gehorsamsübungen, die Sie vor allem mit Ihrem Welpen einüben können. Ihr Hund braucht aber auch ausreichend Bewegung, körperliches Training und viel mentale Stimulation.

Ein Hund, der den ganzen Tag sich selbst überlassen ist, langweilt sich schnell, also müssen Spiele her, die ihn beschäftigen. Solche Hundespiele finden Sie vor allem im Abschnitt für drinnen. Viele der Spiele in diesem Ratgeber unterstützen die Konzentrationsfähigkeit und sind geeignet, die Kapazität des Hundes zur Problemlösung zu erhöhen. Schüchterne und ängstliche Hunde können durch das gemeinsame, geduldige Training mehr Selbstsicherheit gewinnen. Es gibt Tipps für ältere Hunde mit Gelenkproblemen, die nicht mehr rennen und springen können. Für sie sind viele der Futter- und Wasserspiele geeignet oder das Longieren im Kreis, bei dem Schnelligkeit kein Thema ist. Was aber am wichtigsten ist: Alle Spiele in diesem Buch verstärken die Bindung zwischen Ihnen und Ihrem Hund.

Wenn Sie mit ihrem Vierbeiner spielen, entwickeln Sie eine besondere, gemeinsame Sprache. Sowohl Hund als auch Herrchen lernen, die Körpersprache des anderen zu lesen und zu verstehen, sodass nach einer gewissen Zeit vieles nonverbal ablaufen wird. Sie erkennen an der Haltung und am Blick Ihres Hundes, wie er wahrscheinlich reagieren wird und was er gerade braucht. Ihr Hund dagegen versteht mehr als durch Worte, was Sie von ihm erwarten und möchte sie zufriedenstellen. Nicht nur, weil er seine Belohnung haben will. Er möchte, dass Sie stolz auf ihn sind und dass Sie ihm Anerkennung und Liebe entgegenbringen. Dafür würde er alles tun. Vergessen Sie das nie, wenn Sie mit Ihrem Hund trainieren und haben Sie Geduld. Wenn Sie genügend Zeit und Hingabe investieren, wird Ihr Vierbeiner selbst die kompliziertesten Spiele erlernen, Ihnen zuliebe und weil es ihm Spaß macht, mit Ihnen gemeinsam zu trainieren.

Sorgen Sie dafür, dass Ihr Hund immer beschäftigt ist. Spielen Sie so oft es geht seine Lieblingsspiele mit ihm. Sogar eine einfache Wiederholung von Gehorsamsübungen kann Hund und Mensch sehr viel Freude bringen. Es ist wichtig, dass Ihr Hund Spaß daran hat, das Gehorchen auf spielerische Weise zu lernen. Wenn Sie ihn zwingen und für Fehler bestrafen, anstatt ihn für erreichte Ziele zu loben und zu belohnen, können zerstörerische Kräfte die Oberhand gewinnen, die in jedem von uns wohnen. Eine liebevolle Lern- und Lebenssituation dagegen macht aus Ihrem Hund einen treuen, aktiven und glücklichen Begleiter, auf den Sie sich in allen Lebenslagen verlassen können. In diesem Sinne hoffe ich, dass Ihnen das Buch gefallen hat.

Ihre Meinung ist uns wichtig!

Haben Sie einen kurzen Moment Zeit? Wir würden gerne wissen, wie zufrieden Sie mit dem Buch waren. Daher würden wir uns über eine Amazon-Rezension sehr freuen. Scannen Sie dazu einfach den QR-Code oder geben Sie den Link in Ihren Browser ein.

https://www.amazon.de/review/create-review?&asin=3982293618:5

Wenn Sie mit dem Buch nicht ganz zufrieden sind, bitten wir Sie, uns dies mitzuteilen. Schreiben Sie uns dazu einfach eine E-Mail an kontakt@hundewelten-verlag.de. Durch Ihre Hilfe geben Sie uns die Möglichkeit, zukünftige Auflagen noch besser zu gestalten!

Printed in Poland
by Amazon Fulfillment
Poland Sp. z o.o., Wrocław

74192577R00074